HANZI
GOU
XUAN

汉字钩玄

张琪◎著

四川大学出版社

项目策划：梁　平
责任编辑：杨　果
责任校对：孙滨蓉
封面设计：璞信文化
责任印制：王　炜

图书在版编目（CIP）数据

汉字钩玄 / 张琪著 . — 成都：四川大学出版社，
2020. 12
　　ISBN 978-7-5690-3304-5

　　Ⅰ . ①汉… Ⅱ . ①张… Ⅲ . ①汉字－通俗读物 Ⅳ .
① H12-49

　　中国版本图书馆 CIP 数据核字 (2019) 第 291540 号

书名　汉字钩玄
————————————————————————————
著　　者　张　琪
出　　版　四川大学出版社
地　　址　成都市一环路南一段 24 号（610065）
发　　行　四川大学出版社
书　　号　ISBN 978-7-5690-3304-5
印前制作　四川胜翔数码印务设计有限公司
印　　刷　郫县犀浦印刷厂
成品尺寸　148mm×210mm
印　　张　6.25
字　　数　167 千字
版　　次　2020 年 12 月第 1 版
印　　次　2020 年 12 月第 1 次印刷
定　　价　39.80 元
————————————————————————————

◆ 读者邮购本书，请与本社发行科联系。
　　电话：(028)85408408/(028)85401670/
　　(028)86408023　邮政编码：610065
◆ 本社图书如有印装质量问题，请寄回出版社调换。
◆ 网址：http://press.scu.edu.cn

四川大学出版社
微信公众号

序

　　有着悠悠五千年历史的中华汉字，为传承中华文明立下了汗马功劳。作为一个中国人，我们在为中华文明骄傲的同时，更应该把被誉为"中华文明之母"的汉字了解清楚。

　　汉字，因何得名？汉，本指汉水。汉水，是流经于陕西汉中的一条河，它与长江、黄河、淮河并称为"江河淮汉"。那么汉字与汉水又是怎么联系起来的呢？我们不妨这样推演：汉字得名汉族，汉族得自汉人，汉人得自汉朝，汉朝得自汉王，汉王得自汉中，汉中得自汉水。自汉代起，汉字即被定义为汉民族使用的文字，以区别其他少数民族的文字而得名。

　　汉字，是世界上最优秀、最具活力的文字之一，被视为中国的"第五大发明"。传说汉字是一个名叫仓颉的人创造的，但其实它应该是集体智慧的产物，是先民"仰则观象于天，俯则观法于地""见鸟兽蹄远（háng）之迹""近取诸身，远取诸物"而创造的。

　　2008年，北京奥运会开幕式气势恢宏，尤其是那一幕幕用方块字构成的画面更是给全世界的人们带来了极大震撼，从而助推了世界范围内学习汉语、汉字的热潮。而今，说汉语、写汉字成为时尚，这从侧面说明，汉字的社会历史价值和现实意义得到了人们广泛的认同。

　　汉字是汉民族的根，人不能忘本，更不能忘根。

解晓东在《中国娃》中这样唱道:"最爱说的话呀永远是中国话,字正腔圆落地有声说话最算话,最爱写的字是先生教的方块字,横平竖直堂堂正正做人也像它。"

中国台湾著名诗人余光中在散文《听听那冷雨》中这样说道:"而无论赤县也好神州也好中国也好,变来变去,只要仓颉的灵感不灭,美丽的中文不老,那形象,那磁石一般的向心力当必然长在。因为一个方块字是一个天地。太初有字,于是汉族的心灵,他祖先的回忆和希望便有了寄托。"

自清代以来,"小学"(文字学、音韵学等)盛行,有关汉字的研究著作汗牛充栋;其玄妙之处众多,我辈皓首穷经,也难以窥其万一,因此,"钩玄"也只能是一种奢望。不过希望通过学习"汉字钩玄"这门课程,大家能够认识汉字、了解汉字,在以后的学习和生活中更加热爱汉字,自觉学好汉字、学好语文,也就足够。

是为序。

张 琪
2019 年 8 月于达城江湾城洲月之居

目　　录

第一课　趣说文字

第一节　说"文"解"字"

"文"，通常指文章，但这并不是它的本义，本义是"文身"，《说文解字》称："文，错画也，象交文。"意思是：文是交错的花纹。"文"是象形字，像纹理交叉的形状。"字"，现在通常是文字的意思，但这是引申义。"字"的本义是什么呢？《说文解字》称，字为乳，即生育，引申为抚养。它是会意兼形声字。所以，柳宗元的《种树郭橐驼传》中"字而幼孩"一句的"字"，就是养育的意思。

秦以前，文字只称"文"或"书"，直到秦才开始把文字连用。许慎在《说文解字·叙》里说："盖依类象形，故谓之文；其后形声相益，即谓之字。"意思是按照事物的类别画出它们的图形，所以称之为"文"；以既有的文为形符或声符，使其互相组合，彼此补助，就形成了"字"。由此可知，独体为文，合体为字。许慎接着又说"字者，言孳乳而浸多也"，意思是"字"是由"文"滋生出来的，且越来越多。此外，"字"的本义为乳，本就含有繁殖的意味。

一个人的别号，也叫"字"。古人一般都有两个称呼，即

"名"和"字"。现在说一个人的名字，就是用名和字组成的一个名词。按习俗，孩子出生三月后命名，男孩子到二十岁行冠礼，女孩子到十五岁加笄，都要取字。古人的名和字多有联系，如孔子，名丘，字仲尼。传说孔子的母亲去尼丘祈祷而怀孔子，故名为丘。仲尼，仲，在伯仲叔季排行中为老二之意；尼，则与尼丘有关。再比如孔子的学生冉耕，字伯牛，牛与耕田有密切联系；孔子的儿子名鲤，字伯鱼，鲤是鱼的一种；屈平字原，原有平的意思，名与字意思相近；诸葛亮字孔明，明与亮当然关系密切；王维名维，字摩诘，维摩诘是佛家菩萨名；杜甫名甫，字子美，甫是男子的美称；韩愈，字退之，名和字的意思相反；苏轼，字子瞻，轼是古代车上用作扶手的横木，供车上的人凭栏远眺，瞻与轼也有密切联系。

第二节 "说解"例说

一、建筑商"说文解字"

一次外出赴宴，与一建筑商同桌，一番寒暄后，建筑商居然拿出一本书送给我们，书名叫《汉字会说话》。同席的还有同校的一位语文教师，当时我们都非常惊讶，也感到汗颜。建筑商居然有如此雅兴去研究汉字，让人感叹和佩服不已。作为以汉语教学为主要任务的语文教师，难道不更应该加强对汉字的研究，在汉语言传播方面多做一些有益的事吗？

粗略翻看《汉字会说话》一书，发现该书试图通过解说一些词语，表达自己一些人生感悟，比如其解说"命运"一词：

"命"字上面是一个"人"字，下面一横代表眼睛，口代表嘴，口的右边代表耳朵，意思是说人的眼睛、嘴巴、耳朵加起来决定人的"命"。"运"字是一个"云"字加一个"走"字，像天上的云，不停地走动。命运就好比这样，也是在不停地走动。看你自己把握罢了……

再比如其对"教化"的解说：

教化者，孝之文化也。无孝不成教。子曰：夫孝，德之本也。教之所由生也。教师者，孝之师也，己若不孝，何以为教师？

虽然这本《汉字会说话》的编辑体例不是很清晰，但其作者能够把自己对汉字的思考著之于书进行传播，这种精神和意识本身就令人敬佩、值得肯定。

二、教学中的"说文解字"

1. 关于"攫"字的构造

一次，在教学《米洛斯的维纳斯》时，笔者要求学生必须掌握文中"攫"的字音和意义。为了强调，顺手在黑板上板书该字，可是却把右边的双"目"写成了双"日"，右边下部也写成了一个"住"字加一个"又"字。学生立即指出，实在是令笔者尴尬不已。而只要我们将该字进行一番分析，就不会出这个洋相。"攫"字左边是"手"部，表明是抓的动作。右边双"目"，表明是双眼在牢牢盯住捕获的对象。《说文解字》曰："隻，鸟一枚也。"整个字将偏旁的意义合起来就表现了"一只凶猛的老鹰用爪抓小鸟"的情形，所以"攫"的意思就是"抓""夺"之意。明白这点，哪还会闹这样的笑话呢？

2. 关于"美"字的理解

曾经有一位就读于大学中文系的学生来看望笔者。在交流中该学生提到笔者曾纠正她写的错字。她说她以前总是将"美"写成"兰"字和"人"字的组合，而不知其实"美"是"羊"和

"大"的组合，笔者帮助她纠正了这一书写错误。后来她进入大学，在美学课上，授课老师一开始就讲到了"羊大为美"，令她印象特别深刻。《说文解字》释"美"为"甘也，从羊从大"。古人认为羊越大，肉的味道就越可口。在纠正她的错误时，笔者还没有用文字学知识进行教学的意识，虽纠正了学生的书写错误，但其实是知其然却不知其所以然。

3. 旅游中的"说文解字"

在社会的许多领域都有从业者喜欢通过"说文解字"来说明事理的例子。比如有一次到华东旅游，有三件事就给我留下了深刻印象。

其一，在游览苏州河时，一位年过半百的老船工在向游客介绍苏州时，先引用了《红楼梦》的内容："这东南一隅有处曰姑苏（苏州古时又名姑苏），有城曰阊门，最是红尘中一二等富贵风流之地。"其自豪之情溢于言表。他后又特地对"苏"字进行了一番说解。他提到，苏州自然风光优美且是鱼米之乡，这可从"苏"的繁体"蘇"中得到说明："蘇"上部为草字头，说明苏州林木茂盛，自然环境优美；下部的"鱼"和"禾"，则说明苏州是"鱼米之乡"。

其二，在游览杭州时，我参观了一处景观，景观中有一块石碑，上面是清朝康熙皇帝游览时题写的"花港观鱼"四个字。其中的"鱼"字，下面写为三点，而不是四点。导游解释说，三点为"水"，四点为"火"（事实上也是如此，不少下部为四点水的字，均是以"火"为义符，如热、然、烈、煎、熬、煦、熹等）。皇帝有好生之德，认为鱼本应在"水"中游，而不能在"火"上烤，所以有意写为三点。

这一解说介绍了景观的历史渊源，令游客连连称妙。

其三，在上海浦东就餐时，导游将就餐地点定在"由由餐馆"。为何叫这个名字呢？导游说：在浦东开发时，几位农民用自己的拆迁安置费开了这间餐馆。浦东的开发使他们迅速发财致富，餐馆之名便意在告诉人们：种田的农民也有出头之日。

4．工作中的"说文解字"

走上领导岗位后，笔者分管校园安全和创建和谐校园等工作多年。为了加强师生对校园安全、校园和谐工作的认识，笔者曾在多种会议场合对"安""全""和"三字进行过"说文解字"。

"安"，从结构上看，家中有女为"安"，这似乎是中国数千年"男主外，女主内"家庭模式的反映，家中有女人操持，男人在外也心"安"。虽然对于国家、单位来说，这样解释看似无理。但如果把"女"解为"汝"的通假字（即"你"），"安"则可解为家中有"你"才"安"。这就告诉人们：一个单位，一个国家要"安"，必须有"你"的参与。确实，安全工作，人人有责，每个人都不能置身事外。

"全"，从"人"从"王"。如果将其解为"人"为"王"后，就能成"全"，就一切具备，便与"官本位"思想不谋而合，但在当今则缺乏积极意义。不过如果把它从下向上思考，便有了时代意义，即"王"若居于"人"下，则"全"，说明为政者只有居于"人"下，把人民的利益置于头顶，才有"全"可言。联系现实，国家实行的"以人为本"的施政纲领，正与这一解读相吻合。这似乎也同时在告诉安全管理者：工作中，要处处以人为本，将群众的生命财产放在第一位，只有具备这样的认识，才能做好安全工作。

"和"，从"禾"从"口"。"禾"古义为"成熟的谷子"，表明要"和"，必须要有物质基础，要满足人们的物质需要。从"口"，表明与语言有关，说明要"和"，一方面要让群众畅所欲言；另一方面要讲究语言文明，不能搬弄是非，满口污言秽语。"和"字的结构，说明社会要和谐，必须以物质文明和精神文明为基础。联系安全工作，如果一个单位安全事故频发，或影响正常工作，或造成惨重损失，又哪来物质基础？哪还能"和"？如果一个单位，人与人之间矛盾重重，睚眦必报，单位"文明、和谐"便无从谈起。这对我们创建"平安校园、和谐校园"难道不是提供了很好的启示吗？

以上事例均说明：对于一个人来说，无论他从事什么职业，熟悉汉字、了解汉字都十分重要。

第三节　"文字"笑说

由于电脑的普及，现在一些人写字的机会少了，导致一提笔就写错字、别字；还有一些人不注意认字，不重视对说话能力的训练，导致一张口就读错音、说错话。因此，加强汉字的教学已刻不容缓。

写错字、说错话，常常会闹出笑话，或造成不可挽回的损失。

一、请君自刎（wěn）

大牛给女友发了一条短信："亲爱的，今天特别想你，我想刎你。"女友知道他又犯了写别字的毛病，把"吻"误写为"刎"了，于是回短信道："爱情美丽，生命可贵；不想被刎，请君自刎。"

二、用"枪"烧菜

某菜馆大门上悬挂着精致的巨幅匾额，上面写着：枪烧菜馆。人们纳闷：这家菜馆烹饪菜肴，难道要用"枪"？后来经询问才知，"枪烧"系"炝（qiàng）烧"之误。"炝"是一种把菜肴稍煮取出，再加上调味品，调制成菜的烹饪方法。

三、县官审案

古代有个富人识字不多，却花钱买了个县官做。上任第一天，他遇到一个犯人名叫冉佳俊。县官看了冉佳俊三个字，心想：怎么起个名字叫"再往后（後）"？但第一天问案怎么也得显一显老爷的官威，便一拍惊堂木，说道："再往后。"冉佳俊一听有点纳闷儿："往常过堂都是先叫名字，怎么今天新县官老爷让我往后退？也许是新老爷的新规矩。"于是他就往后退了一步。县官一看有点儿着急，想着我叫你的名字，你不答应反而退了一步，又一拍惊堂木："再往后。"冉佳俊慌忙往后又退了一步。县官急了，大吼："再往后。"冉佳俊一看老爷真急了，就哭丧着脸说："老爷，不能再往后了，后面是墙了。"县官说："我叫你的名字。""老爷，小人不叫再往后，叫冉佳俊。"县官一听，脸就红了，又一拍惊堂木："俊什么俊。"

【实践与探究】

1. 举五个古代名人，说明其名与字的关系。（提示：曾点、曹操、周瑜、杜甫、柳宗元等）

2. 请对自己的姓名来一番"说文解字"。

3. 收集有关汉字的三条笑话讲给同桌听。

第二课　汉字源流

第一节　汉字寻根

　　远古先民依靠结绳记事，但随着交流的增多，仅仅依靠结绳记录不了越来越多、越来越复杂的信息，人们开始寻求新的办法，于是又发明了刻木、画图等方式来记录和交流。这些符号，虽然不系统，却也可以视作文字的萌芽。

　　关于造字的传说很多，首先是伏羲造字。《说文解字·叙》说："古者庖牺氏（伏羲氏）之王天下也，仰则观象于天，俯则观法于地，视鸟兽之文与地之宜，近取诸身，远取诸物，于是始作《易》八卦，以垂宪象。"这说明伏羲根据天地万物的变化，发明创造了八卦，八卦成为中国古文字的开端。八卦的符号代表了八种自然现象，乾卦☰代表天，坤卦☷代表地，离卦☲代表火，坎卦☵代表水，震卦☳代表雷，巽卦☴代表风，艮卦☶代表高山、陆地，兑卦☱代表海洋、河流。两两相合，就可以得到六十四卦，从而揭示宇宙万物的演变。尽管八卦符号与文字有相似的地方，但并不是文字。

　　后来，又有仓颉造字的传说。传说仓颉仰观天象，俯察万物，首创了"鸟迹书"，震惊尘寰，堪称人文始祖。黄帝感他功绩过人，乃赐以"仓"（倉）姓，意为"君上一人，人下一君"。

由于仓颉造字功德感天，玉皇大帝也赐给人间一场谷子雨，以慰劳圣功。仓颉去世后，当地百姓在其墓葬处修建庙宇，并将村庄取名为"史官村"。

其实，汉字的创造，不可能是一人之功。它更应该是集体智慧的产物。这种关于文字起源的说法可信度较高。

了解了文字的起源，下面我们再来谈谈汉字的根。人要寻根，汉字也要寻根。

那么汉字的根究竟在哪里呢？汉字的根主要有以下说法。

（1）20世纪50年代，考古学者发掘出五千年前西安"半坡遗址"，其中彩陶上有分散的几十处刻画符号。有人认为这或许是甲骨文的祖先。

（2）20世纪70年代，考古学者又发掘出六千年前的临潼"姜寨遗址"，其中彩陶上分散的刻画符号有102处之多。有人认为这或许才是甲骨文的祖先。

（3）汉字与岩画同出一源。岩画是汉字的祖先。有的汉字字形与岩画相同，有的汉字字形与岩画相似。岩画的历史大约有一万年，而汉字的历史从甲骨文算起也大约只有3300年。

岩画以圆圈代表太阳，与甲骨文中的"弓"字相同。岩画以月牙代表月亮，与甲骨文相同。岩画中的"弓"，与甲骨文相同。岩画中的"田"（土地），与甲骨文相似。岩画中画的动物，有全身、有半身、有直立、有蹲坐、有侧面多种姿态，或四足只画两足，或夸大具有特点的部分，如马有长脸和长鬃、虎有大嘴和利齿，这类手法跟甲骨文完全一样。

岩画的雕刻技法，与甲骨文也极为相似。岩画以象形为主，指事为副。指事的方法包括用线条表示数目，在有些图形上加上小的标记。这些方法，也是甲骨文的创造方法。

第二节　汉字形体

一、汉字八体

汉字产生以后，一直按照从繁到简的规律来演变。在演变过程中出现的汉字形体主要有甲骨文、金文、大篆、小篆、隶书、草书、行书、楷书八种。

阶段	形成时期	代表文字	主要载体	阶段	形成时期	主要文字	主要载体
第一阶段古文字	殷商	甲骨文	龟甲兽骨	第二阶段今文字	西汉	隶书	竹简、帛
	商周	金文	青铜器、石器		汉	草书	帛、纸
	西周晚期	大篆（籀文）	石器		东汉晚期	行书	帛、纸
	秦	小篆	石器		汉魏	楷书（真书）	纸

下面通过鱼、鸟、羊三个字的形态演变来具体感受一下汉字各形体的特点。

	鱼	鸟	羊
甲骨文			
金文			
小篆			
隶书			
楷书			

续表

	鱼	鸟	羊
草书	鱼	鸟	羊

二、汉字各种形体特点

1. 甲骨文

甲骨文主要指商王朝为占卜而刻在龟甲兽骨上的文字，距今已有三千多年的历史。

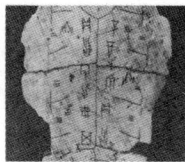

甲骨文

甲骨文的发现纯属偶然。1899 年，有个叫王懿荣的人，是当时最高学府国子监的祭酒。有一次，他看见一味中药叫龙骨，觉得奇怪，就翻看药渣，没想到上面居然有一种类似文字的图案。于是他把所有的龙骨都买了下来，发现每片龙骨上都有相似的图案。他确信这是一种文字，而且比较完善，判断其应该是殷商时期的。后来，人们找到了龙骨出土的地方——河南安阳小屯村，那里又出土了一大批龙骨。因为这些龙骨主要是龟甲或兽骨，所以人们将它们上面的文字命名为"甲骨文"，研究它的学科就叫作"甲骨学"。

1900 年，八国联军入侵北京，王懿荣选择了自杀。自他死后，家中经济困窘，他的第二个儿子王崇烈，便将王懿荣生前收藏的一千多片甲骨卖给了后来写作《老残游记》的刘鹗。1903 年，刘鹗将所藏甲骨选出 1058 片，辑成《铁云藏龟》一书。而刘鹗在《铁云藏龟》自序中直接提出，甲骨文是殷人刀笔文字，是商朝遗物。他是第一个指明甲骨文是商代文字，并说出根据的人。

古人把"刻"称为"契"，甲骨文是殷人刻的字，所以又叫"殷契"。目前共发现甲骨十六七万片，单字总数达 4000 字以上，其中能认识的有一千七百多字。甲骨文的发现，说明了汉字在两千多年前就已系统出现。

甲骨文有以下特点：由于当时的书写工具是刀笔骨板，因此线条细瘦、笔画多直少曲、排列不整齐、大小不一致、多数字的形体还没有完全定型。这反映了甲骨文属于古老象形字。

2. 金文

中国夏商周三代时期流传下来的古文字，除甲骨文外，大都铭刻在铜器上面。因铜器为金属物，故这些文字被称为"金文"。铜器种类繁多，但以钟鼎为最重之器，故"金文"又称为"钟鼎文"。金文由甲骨文演变而来，同甲骨文形体接近。金文大小方正，排列整齐，表明汉字的方块状外形逐步形成。金文减少了甲骨文的笔画而代之以虚拟性的线条，简化了图像而代之以象征性的轮廓，因此汉字的符号性得到加强。

金文

3. 大篆

大篆，又叫籀书，遗存石刻石鼓文，相传为周宣王时期太史籀核定的字，因太史籀著录的字书《史籀篇》而得名。许慎《说文解字》指出："篆，引书也。"引书，就是一笔一画引长地写。大篆是秦国早期通用的文字，以"石鼓文"为代表。

大篆

4. 小篆

秦始皇统一六国，采纳李斯建议，实行"书同文"，推行小篆，将各国文字统一，以便施政和教化。

小篆，是首次出现的规范化字体，其主要特点包括：第一，线条化，使用圆转匀称的线条，形体整齐，确立了汉字的符号性；第二，统一化，把原来没有的固定形式的各种偏旁统一起来，各偏旁只有一个形体，为汉字定型化打下基础；第三，定型化，确定了每个偏旁在汉字形体中的位置，每个字形所用的偏旁固定为一种，每个字书写的笔数也基本固定。今天的篆书采用的小篆这种字体。

此外，小篆由籀文整理而成，曲线圆写，统一匀称，结体谨严，遒劲庄重。在中国文字及书法艺术上，都有极大的影响。古人认为，篆书笔法为各类书体的基本。著名书法家弘一大师（李叔同）认为书法须由篆字下手，每日至少要写五百字，再学隶，入楷；楷成，学草。

许慎《说文解字》即以小篆依据。小篆是一切篆字的正轨，相沿至今。正式的纪念作品，多以篆字为尊。公私印章，都以篆字为信。专攻国学者，为研求文字的由来，也得写篆书。篆字实际为民族文化之所寄托，历史文化之所产生，因此，学书法者负有发扬光大篆字的职责。

中国古代官印　　　　河间学官令印

篆刻艺术就是将书法（主要是篆书）和雕刻相结合来的传统艺术，是汉字特有的艺术形式。《泰山刻石》《琅琊台石刻》等均为秦宰相李斯手笔，内容多歌颂秦始皇的功德，不仅书法渊深秀密，且字画严整，实为高妙之作。

5. 隶书

卫恒在《四体书势》中说："隶书者，篆

琅琊台石刻

之捷也。"小篆是当时的标准字体，隶书为易写的应急文字。王僧虔《能书录》云："秦狱吏程邈，善大篆，得罪始皇，因于云阳狱，增减大篆，去其繁复。始皇善之，出为御史，名书曰隶书。"后秦始皇宣布：将记录皇帝诏书的文字与皇帝以外的人们使用的文字相区别，皇帝使用的书体称为篆书，而臣子们所使用的都是隶书。

隶书使汉字的笔画基本固定，奠定了楷书的基础；隶书使汉字由繁向简迈进了一大步，是汉字由古文字变到今文字的过渡形式，对汉字发展有着深远的影响。

隶书包括秦隶和汉隶。秦隶多近于篆体，又称古隶；汉隶变圆曲为方直，结体宽扁，逆笔突进，波磔呈露。因形成于汉代，故名汉隶。汉隶又称八分，《说文解字》称："八，别也。象分别相背之形。"

汉隶传世的摹本，多见于碑碣，故又称为汉碑，如《汉郃阳令曹全碑》。

汉隶《汉郃阳令曹全碑》

《汉郃阳令曹全碑》碑文记载了东汉末年曹全镇压黄巾起义的事件，此碑用隶书写成。文字清晰，结构舒展，字体秀美飞动，书法工整精细，秀丽而有骨力，风格秀逸多姿，充分展现了汉隶的成熟的风格。《汉郃阳令曹全碑》字体以扁平为主，偶有长、方，横线多呈弧状，富于流动感、节奏和力度的变化，优美生动，神采飞扬。

6. 草书

草书分为章草、今草和狂草。

章草由隶书笔画简省而来，后人因其出自《急就章》，故名章草。又说其由西汉史游创作，其法解散隶书，存字梗概，旨在赴急，通用奏章，故名章草。东汉张芝变章草为今草，今草笔力飞动，神变无极，而字势上下牵连，以异章草之字字区别。据传唐朝张旭在每次作书前，多借酒引发情绪，或借助自然界的现象来触发灵感，醉后呼叫狂走，再下笔作书。世人以"张癫"呼之，他所书写的字体便被称为狂草。而另一位书法大家怀素在他所书的《自叙帖》中曾引李御史舟云："昔张旭之作也，时人谓之张颠，今怀素之为也，余实谓之狂僧，以狂继颠，谁曰不可？"二人齐名，号为"癫张醉素"。

三种草书的特点分别在于：章草，字字区别；今草，重形联，去波磔，上下相连；狂草，恣意纵横，诡奇疾速，神而化之，但因脱离实用，只能作为艺术品来鉴赏。

张旭是唐代最为有名的草书书法家之一，有着"草圣"的称号。其草书代表作《千字文》，狂放不羁，挥洒自如，变幻莫测。

怀素的狂草代表作——《自叙帖》用细笔劲毫写大字，笔画圆转遒逸，如曲折盘绕的钢索，收笔出锋，锐利如钩斫，正所谓"铁画银钩"也。全卷强调连绵草势，运笔上下翻转，忽左忽右，起伏摆荡，有疾有速，有轻有重，像一段节奏分明的音乐旋律，极富动感。此外也有点画

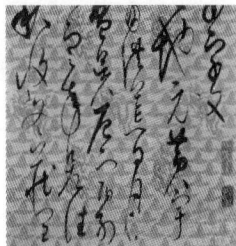

张旭《千字文》

分散者，强调笔断意连，笔势生生不息，笔锋回护钩挑，一字一行，以至数行之间，点画互相呼应。通幅于规矩法度中，奇踪变化，神采动荡，实为草书艺术的极致表现。

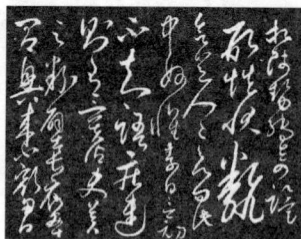

怀素《自叙帖》

7. 行书

据《书断》载："行书者，后汉颍川刘德升所作也。即正书之小伪，务从简易，相间流行，故谓之行书。"由此可知，行书是由正书转变而成。草书如飞，楷书如立，行书如行。"真几于拘，草几于放，介于两间者，行书有焉。"行书不像正书那样规矩繁难，也不像草书那样狂放难认，具有不拘不放、易认好写的优点，故最易流行，自后汉相传至今，历久弥新。

下面试以王献之的《中秋帖》为例说明行书的特点。《中秋帖》是王献之的名作之一，又称《十二月帖》，被誉为"十大行书"之一，被乾隆皇帝誉为"三希"之一。细观此帖，笔力雄健，挥运之际，情弛神纵，一气呵成，米芾对此书帖十分钦佩，在其《书史》中曾评价此书帖："大令（因王献之曾任中书令，人称大令）《十二月帖》，此帖运笔，如火箸画灰，连属无端末，如不经意，所谓一笔书，天下子敬第一帖也。"

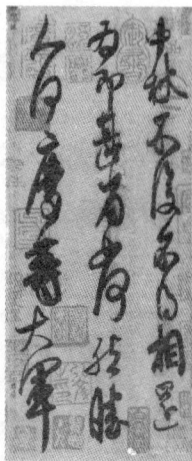

王献之《中秋帖》

8. 楷书

楷书，又叫真书或正书。楷书萌芽于西汉，成熟于东汉，盛行于魏晋南北朝，一直通行到现在。相传，东汉（一说秦代）有个叫王次仲的人，改变隶书笔势（去其挑法，收其波磔），以隶字作楷书；三国钟繇所书《贺捷表》，微有隶意，备极章法，后人尊为正书之祖。

世有楷书四大家之说。楷书四大家是对书法史上以楷书著称的四位书法家的合称。他们分别是指唐代欧阳询（欧体）、唐代颜真卿（颜体）、唐代柳公权（柳体）、元代赵孟頫（赵体）。

（1）颜体。

颜真卿的楷书，刚正严肃，大气磅礴，以《多宝塔碑》最有名。

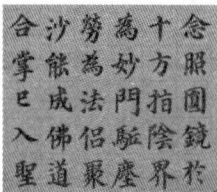

颜真卿《多宝塔碑》

《多宝塔碑》是颜真卿 44 岁时所书，接二王（王羲之、王献之）、欧（欧阳询）、虞（虞世南）、褚（褚遂良）余风，而又与唐人写经有明显的相似之处。整篇结构严密，点画圆整，秀丽刚劲，虽尚未形成刚劲雄强、沉雄浑厚、大气磅礴的颜楷风格，但此碑已奠定了颜真卿书风的基本格调。它是留传下来的颜书中最早的楷书作品，是唐代"尚法"的代表碑刻之一，学颜体者多从此碑下手，入其堂奥。

（2）柳体。

柳公权的楷书，与颜齐名，因去颜丰腴，加以遒劲，棱节显露，论者有"颜筋柳骨"之说。其以《玄秘塔碑》最有名。

柳公权《玄秘塔碑》

《玄秘塔碑》为柳公权 64 岁时所书，是柳公权书法发展演进中的一座里程碑，同时也是柳公权的楷书代表作品，标志着柳体书法的完全成熟。此碑用笔骨力深注，爽利劲健，方圆兼并，又含蓄圆润。横长则瘦挺舒展，横短则粗壮有力；竖画悬针为粗，以为主笔，垂露稍细，求其变化；其撇，长则轻，短则重；捺则重出，力度强健；其钩、踢、挑必顿后回锋迅出。

（3）欧体。

欧阳询的楷体，结体特异，独创一格，权威尤大，其势力深入社会，几为学书的标准本。代表作为《九成宫醴泉铭》。

欧阳询《九成宫醴泉铭》

《九成宫醴泉铭》是欧阳询晚年（76岁）时的书法作品。其文字内容由当时闻名于世、敢于直言谏君的宰相魏徵拟就。

唐贞观五年（632），太宗皇帝命令修复隋文帝的仁寿宫，并将仁寿宫改名为九成宫。第二年，太宗帝避暑来到九成宫，在游览宫中台观时，偶然发现有一清泉，太宗帝万分欣喜，便令魏徵撰文、欧阳询书写而立石碑一座，《九成宫醴泉铭》得以问世。碑文记载："历览台观，闲步西城之阴，踌躇高阁之下。俯察厥土，微觉有润，因而以杖导之，有泉随而涌出，乃承以石槛，引为一渠。其清若镜，味甘如醴。"

《九成宫醴泉铭》浑厚沉劲，意态饱满，圆融流畅，弯转曲圆，融隶于楷，被誉为"天下第一铭"。唐太宗在此碑的建立中起主导作用，加之此碑的时间背景"贞观之治"被公认为是封建社会的极盛时期，在此时撰文铭记，更有其重要的历史意义，因而此碑也被誉为"三绝"碑，历来受到后人的赞赏和推崇。现存的宋拓本以故宫博物院李祺藏本与藏于日本东京三井纪念美术馆的拓本最为知名。两件拓本，前者笔墨丰厚，后者风姿瘦劲，可谓同曲异调，各具神采。

（4）赵体。

赵孟頫是元代初期很有影响的书法家。《元史·赵孟頫传》曰"篆籀分隶真行草书无不冠绝古今，遂以书名天下"，可见对其赞誉很高。《赵孟頫书道德经》是赵孟頫小楷代表作之一，书于延祐三年（1316），字体工整秀丽，笔法稳健，独具风格。

卷首，赵氏绘了一幅老子画像，其后便是洋洋洒洒的整卷小楷书《道德经》。赵氏一生曾多次书写小楷《道德经》。据方家评介，其晚年书写的这卷长达五千言的小楷，书法结体严谨，笔画精到，精工中透静穆之气，稳健中露灵动之神，前后风韵一致，堪称其小楷书中之精品。

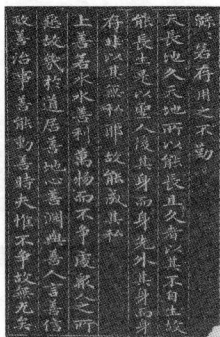

《赵孟頫书道德经》

第三节　汉字"三美"

汉字诞生后，流传至今，原因固然很多，但其中一个重要原因是汉字有三美：音美、形美、义美。

汉字，是形、音、义的结合体。其形，有书法美，讲造型布局；其音，通音乐美，有韵律节奏；其义，富有哲理美，蕴思想内涵。

一、汉字的音美

我们先朗读一下刘禹锡的《秋词》和杜甫的《绝句》。

刘禹锡《秋词》：自古逢秋悲寂寥，我言秋日胜春朝。晴空一鹤排云上，便引诗情到碧霄。

杜甫《绝句·迟日江山丽》：迟日江山丽，春风花草香。泥融飞燕子，沙暖睡鸳鸯。

这两首诗均为近体诗，近体诗又称格律诗，其特点是字数固定，押韵严格，要求对仗，讲究平仄。刘诗为七言绝句，一二四句押韵，首句入韵；杜诗为五言绝句，二四句押韵，首句不入韵。绝句要求一句和二句、三句和四句平仄相对，二句和三句平仄相粘，这就体现出格律诗对音乐美的严格追求。

汉字讲究声韵铿锵有力、音节和谐、抑扬顿挫。播音员朗读上面两首古诗，或如奔放的大海，或如涓涓的小溪，其声如余音绕梁，三日不绝。据说，在联合国大会上，外国人在听了其他国家官员用本民族的语言发言后，再听中国官员发言，感觉像在听唱歌一样，这实际上就是汉字的音韵和音调特点所产生的奇特效果。

二、汉字的形美

汉字的字形由点、横、竖、撇、捺等构成。整体看来方方正正、四平八稳，不过那些经过艺术处理的汉字或跳起了拉丁舞，或如同酒醉的拳师打起了醉拳，所以有人说书法是"纸上的舞蹈"。因此可以说书法艺术就是汉字形美的生动诠释。

三、汉字的义美

1. 分析"雨"字

《说文解字》曰："雨，水从云下也。"雨，指事字。上面的"一"像天，下面的框像云，中间是"水"字，整个字即表示水从云中落下。

2. 分析"穷"字

穷，在现代汉语中常作"贫穷"讲，在文言中却常常不是这个意思，在"穷且益坚""穷则独善其身"等语句中将其理解为"贫穷"均不通顺。那么，"穷"的本义究竟是什么呢？穷的繁体为"窮"，《说文解字》曰："极也，从穴，躬声。"许慎认为穷是形声字，但该

字其实应为会意字，意为"人在洞穴中身子弯得像弓"。古人多穴居，洞穴既浅又狭窄，人一进穴就有走到洞底的感觉，所以许慎解为"极"，引申为"走到尽头"，如"日暮途穷"。人在弯着身子屈居洞穴时，总是抬不起头，身子也站不直，以此比喻人们在仕途上或事业上遭坎坷、遇曲折、受压抑、不得志。又由于"穷"有穷尽之意，引申为钱财用尽用完，这才有了"贫穷"之意。

3. 关于"狱"

狱的本义不是监牢，而是打官司。该字应该是一个会意字，左右两边为两犬反正相对之形，以此比喻人有纷争；中间的"言"表示语言，代指断定是非的人，所以"狱"为打官司、断案之义，如"小大之狱，虽不能察，必以情"中的"狱"就是"案件"之意。又由于理屈者、败诉者常常要判刑，被送入监牢，所以便引申出"监牢"的意思。

4. 北京奥运会会徽的文字之美

2008 年北京奥运会会徽充分体现了汉字之美。会徽上面的笔画，像字非字，似画非画；融字于画，寓画于字；笔画之间，舞姿翩翩；舞韵之中，笔墨纵情。这充分显示了汉字"入画"的美感。

其既像一个"人"字，又像一个"京"字，还像一个"文"字，预示着北京将举办一个"人文奥运"。我们通过它仿佛看到一个满怀热情和希望、富有激情和活力的舞者，一个充满生机与朝气、坚强与超越的运动员，一个正以满腔热情欢迎各国喜爱运动、热爱和平的人们的龙腾虎跃的中国。

【实践与探究】

1. 简述甲骨文发现的经过。

2. 朗读李白的《蜀道难》和徐志摩的《再别康桥》，感悟汉字的音韵美。

3. 搜集古代著名书法家的篆、隶、楷、行、草等各体作品，品味汉字的形体美。

第三课　汉字"六书"

第一节　关于《说文解字》

要了解汉字构造的知识，必须从《说文解字》说起。

《说文解字》，由东汉许慎编纂，是我国乃至世界最古老的一部字典。许慎，字叔重，东汉汝南召陵人，汉代著名的经学家、文字学家、语言学家。《后汉书·儒林传》称其"性淳笃，少博学经籍，马融常推敬之，时人为之语曰：'五经无双许叔重。'"

许慎认为："盖文字者，经艺之本，王政之始，前人所以垂后，后人所以识古。故曰：本立而道生，知天下之至啧（深奥道理）而不可乱也。"基于这样的认识，许慎历经21年著成《说文解字》。

《说文解字》根据文字的形体，创立540个部首，将540个部首归并为14大类，每一大类为一篇，正文共计14篇，卷末叙目别为一篇，全书共计15篇。《说文解字》开创了部首检字的先河，后世的字典大都采用这个方式，故清代的段玉裁称"此前古未有之书，许君之所独创"。

《说文解字》内容包罗万象，博大精深。《说文解字》通过对小篆字字形的分析，说明造字的本义，不但成为古汉语语音和词汇的宝库，而且保存了有关古代历史、文献、社会文化、经济的原始资料。许慎称该书"万物咸睹，靡不兼载"，许慎的儿子许冲在《进书表》中也称六艺群书之诂，皆训其意（将六经的各种注解，都集中起来，理顺其彼此衍生的关系，求其本义）。而天地鬼神、山川草木、鸟兽昆虫、杂物奇怪、王制礼仪、世间人事，莫不毕载。

两千年来，《说文解字》成为后人阅读古籍，探讨古代文化，研究古文必不可少的桥梁和钥匙。在清朝，统治者实行"文字狱"，不少学者闭门研究学问，使得文字、音韵、训诂等学问（统称为"小学"）兴盛，研究《说文解字》也成为当时的显学，同时还涌现了一批大家，如段玉裁、王筠等。其中段玉裁尤负盛名，他耗尽毕生心血著成《说文解字注》一书，该书对《说文解字》多有修订、阐发、拓展，被公认为解析《说文解字》的典范之作。

因此，作为中国现代中学生，想要学习汉语精华，继承中华文化的优秀传统，就不可不了解《说文解字》。

第二节　关于"六书"

在总结前人研究汉字结构成果的基础上，进而提出汉字构造的"六书"，这是许慎的重要贡献。许慎在《说文解字·叙》里对"六书"进行了解释，并列举了例子。

一曰指事。指事者，视而可识，察而见意，上下是也。

指事字和象形字不同。指事字是在象形字上加指事符号，或者是纯粹的抽象符号构成的。除了"上""下"二字外，还有诸多指事字。如"刃"字，在表示刀口的地方加一个点，指出这就是刀刃，这一点其实就是指事符号。再如"凶"字，是指地上有一个深坑，走路的人没看见而踏空掉进坑里，"凵"代表深坑，中间的"X"符号就是象征掉下坑时受惊吓的感觉和危险情形。
"亦"字，意为人的腋窝，从"大"，像一个人形，以两点指示腋
窝所在的位置。"甘"字，在口中加一横，表示口中含有甜美的
东西。"寸"，在手腕上横表示手下一寸的地方（中医切脉，称距
离手腕一寸长的部位为"寸口"，简称"寸"）。

本字	上	下	刃	凶	亦	甘	寸
篆字	⌣	⌒	⺁	⊠	夾	甘	寺

二曰象形。象形者，画成其物，随体诘诎，日月是也。

象形字，就是指纯粹把图形当作文字使用，而这些文字又与
所代表的事物在形状上很相像。一般而言，象形文字是最早产生
的文字。它用文字的线条或笔画把物体的外形特征勾画出来。例
如，"月"字像一弯月亮，"龟"（特别是繁体的"龜"）字像一只
龟的侧面，"鱼"字是一条有鱼头、鱼身、鱼尾的游鱼，"艸"
（草的本字）是两束草，"门"（特别是繁体的"門"）字就是左右
两扇门的形状。而"日"字就像一个圆，中间有一点，很像人们
在直视太阳时所看到的形态。

本字	竹	龟	鱼	草	月	水	州	牛	羊	几
篆字	竹	龜	魚	艸	月	水	州	牛	羊	几

三曰形声。形声者，以事为名，取譬相成，江河是也。

形声字由两部分组成：一部分表示字的意义，叫形旁（也叫
义符）；另一个部分表示字的读音，叫声旁（也叫音符）。其中，
形声字的形旁和声旁结合的方式又是多种多样的。

（1）左形右声：如材、偏、铜、冻、证、骑、秧、破等字。
"冻"字，左边的"冫"是形旁，就是"冰"字，读音为"bīng"。
"破"，"石"为形旁，"皮"为剥去兽皮，既是形旁又是声旁。

（2）右形左声：如攻、颈、削、瓢、放、鹅、雌、故等字。"颈"字，形旁为"页"，首，头部；形旁为"巠"，读音为"jīng"，古同"经"；古人称脖子正面为颈，脖子背面为项。

（3）上形下声：如管、露、爸、芳、崖、宵、界、字等字。"宵"字的形旁"宀"，读音为"miǎn"，是指屋顶两坡相交覆盖的高顶房屋。"字"的形旁与"宵"的形旁相同。

（4）下形上声：如架、案、慈、斧、贡、膏、凳、赏等字。"斧"字，形旁为"斤"，为砍木头的斧子。

（5）外形内声：如固、病、庭、阀、园、匾、裹、衷等字。"匾"字，形旁为"匚"，读音为"fāng"，意为古代一种盛放东西的方形器物。"庭"，意为宫中宽阔的大殿，"广"为形旁。

（6）内形外声：如闷、问、闻、辩等字。"辩"的声旁为辡，读音为"biàn"，同"辨"，分别；形旁为"纟"，读音"sī"，同"糸"，意为将头发分股交结成绳状。

懂得形声字的特点，不仅有助于我们识记汉字，还可以让我们利用形旁和声旁来辨别一些形似字和同音字，从而避免写错字、读错音的现象，比如"货物"的"货"和"贷款"的"贷"，它们都是上声下形结构，形旁又都是"贝"，但二者的声旁不同，因此读音也不一样。利用声旁就可以把两个字区别开来，而不致把"贷款"写成"货款"，或把"货物"写成"贷物"。又比如"根"和"跟"是同音字，声旁都是"艮"。但"根"的形旁是"木"，表示它的意义与植物有关；而"跟"的形旁是"足"，表示它的意义与脚或脚的动作有关。利用这两个字的形旁就可以区别它们的意义，而不至于把"根本"写成"跟本"，或把"跟随"写成"根随"。

四曰会意。会意者，比类合谊，以见指扔，武信是也。

会意是用两个或两个以上的独体字根据其意义之间的关系合成一个字，综合表示这些构字成分的意义，这种造字法就叫作会意，而用会意法造出的字便是会意字。比如"莫"字，甲骨文"莫"字的写法是上下都是草，中间是个太阳，意思是太阳已落入草丛之中，天色已暮；是"草"和"日"这两个象形字的会意字。又如"武"字，从戈从止。止是趾本字，戈下有脚，表示人拿着武器走，有征伐或显示武力的意思。再如"妇"字，右边为一倒置的"山"，要分析该字，需用繁体字"婦"分析。这个"婦"字左边的"女"旁指妇女，右边的"帚"旁指扫帚，前后合在一起的意思是指妇女拿着扫帚在家里劳动。"女、帚为婦"和"力、田为男"都符合当时"女内男外""男耕女织"的社会情况。再如"盥"字，是盥洗、洗手的意思。其甲骨文的写法为下部是盆，上部是两只伸入盆内的手，表示在洗手，是"皿""手""水"三个象形字组合而成的会意字。这样的会意字还有许多，如："友"，两手相助，引申为朋友；"牧"，手持木棍赶牛，表示放牧；"看"，手搭在眼上，表示观看；"采"，上爪下木，表示手在树上采摘东西……

本字	莫	武	妇	盥	友	牧	看	采
篆字								

　　五曰转注。转注者，建类一首，同意相受，考老是也。

　　转注需满足同部、同义、音近三个条件，即转注出来的字和本字属于同一部首，转注字与本字意义相同，转注字与本字声音相近。如"考"字，形声，丂（kǎo）声，像伛背老人扶杖而行之状。又如"老"字，会意，像一个手里拿着拐杖的老人。

　　六曰假借。假借者，本无其字，依声托事，令长是也。

　　《说文解字》解"令"为持符节以号令众人（也有解为上面是一个人张着嘴正在发号施令，下面一个人正跪着聆听的），借用为假使、假若之意，如"令我百岁后，皆鱼肉之矣"。如"长"

字，为长久之意，借用为常常、经常之意，如"茅檐长扫静无苔，花木成畦手自栽"。

在此应该说明的是，实际上涉及汉字形体结构的只有前四种。其中，假借，只是一种用字方法，有些词没有专门的字，而是借用一个同音字来表示，比如"难"（難）字，本是鸟名，借用为"难易"的"难"。又如"而"字，本是胡须，借用作表示语法关系的连词。再如"其"字，本义为簸箕，借用为助词、代词。转注更是与形体结构无关。如"来"字，本义为小麦，借作来往的"来"；"求"字本义是皮衣，借作请求的"求"，这些都属于同音替代。

本字	考	老	令	长	而	难	其	来	求
篆字	𦒿	𦒌	𠆢	镸	帀	難	𠀠	朿	㫗

第三节　"六书"在语文学习中的重要意义

关于"六书"的意义，许慎的儿子许冲在向皇帝献书的《进书表》里这样写道："自《周礼》《汉律》，皆当学六书，贯通其意。"这是许冲在解说其父著《说文解字》的原因，即让人们正确阅读儒家经典，正确理解法律条文。就语文教学而言，"六书"的常识，在很多语文知识点的教学上都起着重要的作用。

一、在正确书写汉字教学中的意义

分析汉字的形体结构，可以帮助学生正确书写汉字。

"盲"和"肓"。首先分析字形，这是一对形声字。"亡"是声旁，"目"和"月"是形旁。其中"月"旁其实是"肉"旁，肉是象形字，如"胚""胎""肚""肌"等字的左边都是"肉"旁而不是"月"旁；像"有"字，从"手"从"肉"，意为用手提着肉，当然应该"有"。因为"肓"是人体"心脏之下，膈膜之上的部位"，所以从"肉"旁。

"泄"和"泻"，这两个字是学生经常容易混淆的，很多老师也经常出错。"泄"，本义是一条河的名称，用作排泄、泄露等义时应作"洩"，"洩"是形声字，指液体、气体露出，右边的"曳"字其义为拉，为声旁，可以理解为需要"拉"，当然就不能很快；"泻"，形声字，本义为水往下直注，很快地流，所以用在"倾泻""一泻千里""腹泻"等词语中。

"搏"和"博"，学生经常将"赌博"误写为"赌搏"，以为"赌"就要"搏"。其实，分析"博"字，《说文解字》曰："大，通也；从十，从尃。尃，布也。""博"即广大、通达之意。左边的"十"字，一横表示东西，一竖表示南北，意为四方和中央。右边的部首"尃"义为"布"。俗语曰：小赌为娱乐，大赌为赌博。所以赌博是指输赢很大的活动。

"染"，不少人将"九"误写为"丸"，实际上是对"染"字的结构不了解的体现。《说文解字》说："染，以缯染为色。从水，杂声。"许慎认为"染"是个形声字，其实"染"也是个会意字，从水，从木，从九。水，是染色时必不可少的原料；木，是染料，染料在古代大多从自然界的草木中获得；九，常用作表示多数，这里是指染色的次数多。只有明白了"染"字的构成，才不会出现上述的书写错误。

二、在近义词辨析教学中的意义

近义词的辨析是语文学习的一个重要方面。分析字体结构，有利于弄清词语的准确含义，从而辨清近义词之间的细微差别。

"侦查"和"侦察"：侦查专指司法机关为了确认犯罪事实和犯罪人而进行的活动，侦察则是指为弄清敌情而进行的军事活动。"查"本义为浮在水中的木头，应为形声字：上部为形旁，"木"为标杆、标准；下部应为"且"，声旁。"察"，《说文解字》注为"覆也，从宀（mián），祭声"，意为反复核查，明审；下部为"祭"字，"祭祀必天质明，明，察也，故从祭"，意为祭祀一定在天大亮后举行，这样利于详审，所以察字从祭。弄清这两个字的意思，这两个词，就容易辨析了。简单来说，侦查，意在"有没有"；侦察，意在"清楚、明白没有"。

"焕然"和"涣然"："焕"，《说文解字》注为"火光也，从火，奂声"。"涣"，"流散也，从水，奂声。"所以前者是光彩焕发，后者是消散、消失的意思。

"反映"和"反应"："应"，繁体为"應"，《说文解字》注曰："当也，从心。"既然"心"为形旁，必然与心理有关。"映"，"明也，隐也。从日，央声"，该字为形声字，"日"为形旁，表示光线照射。弄清了这两个字的意思，理解这两个词就容易了许多。"反应"，是生物体受到刺激而产生的相应活动，与主体的心理有关。"反映"是把客观事物的实质表现出来，犹如光线将事物的形体映照出来。

"沟通"和"勾通"："勾"，曲也。"沟"繁体为"溝"，指水渎，是一种田间水道，宽四尺，深四尺。"沟通"，指双方像水沟一样，光明正大地连通，褒义。"勾通"则是弯曲地，不正当地连通，是暗中勾结、串通，贬义。

"篡改"和"窜改"："篡"为形声字，意为篡逆，夺取君位。

下部"厶"(即"私")为形旁,表示篡夺是奸邪的行为;声旁为"算"。"窜"繁体为"竄",《说文解字》注曰:墜也,从鼠在穴中。以鼠在穴中表隐匿之意;亦有逃跑之意。显然,"篡改"是故意的,不怀好意的。而"窜改",仅指改动、变动。

"质疑"和"置疑":质疑,提出疑问;置疑,怀疑,多用于否定句中。"质",以物作抵押,会意字,从贝。而后来如何引申为质问、诘问的含义,不得而知。笔者认为,可能是以物抵押后,要赎回就必须核对,所以从"质"引申出"对质"等义,再由"对质"引申出"诘问、质问"等含义。"质问"就是"提出疑问"。"置",该字为赦免、释放之意,会意兼形声,从网从直,意为正直、理直的人触犯了刑律就要赦而不问。后由"释放"义引申出"放置"等义。

三、在成语教学中的意义

"滥竽充数"(竽不能写成"芋"):"芋"指薯类植物,《说文解字》称,芋头,叶大根肥,令人吃惊,故取名曰芋。"竽"是古代一种有三十六簧的簧管乐器,和我们现在常见的、与它同类的箫、笛子等一样均由竹子制作而成。

"好高骛远"和"趋之若鹜":"骛",本义为赶着马快跑,引申为追求。"鹜",《说文解字》注为"舒凫",就是家鸭,显然从鸟。

"气冲霄汉"(霄不能写成"宵")和"通宵达旦":"宵",夜也。形声字,上部为形旁,形容屋檐下幽暗似夜,肖为声符。"霄",《说文解字》称:"雨霰为霄。"即下小雪粒为霄。"霄汉",指云霄和天空。弄清了两个字的本义,在书写和运用两个成语时,就不会出错了。

"鬼鬼祟祟"(不要误为崇崇):"祟",指鬼神作灾祸。从示,从出,会意字。下部的"示"与鬼神祭祀有关,《说文解字》称:

"天垂象，见吉凶，所以示人也。从二（古文上字），三垂，日月星也。观乎天文，以察时变。示，神事也。"鬼鬼祟祟，形容行为不光明正大。祟，山大而高，从山从宗；宗，也有"为众所师法景仰"的意思，与此相关。

"门可罗雀"：不少人认为该词是形容门前冷清，麻雀可以落下来觅食，于是写为"门可落雀"。造成该错误的原因，是没有弄清"罗"的含义。"罗"的繁体应为"羅"，从网，从丝，从隹（zhuī，短尾鸟），描绘的是一个人用丝绳和网捕鸟的情景。故《说文解字》称："罗，以丝罟鸟也……古者芒氏初作罗（由芒氏发明罗）。"明白了这点，就再不会犯上述错误了。

"之子于归"：在一些嫁女的人家，常常会挂对联，横批多为"之子于归"，意思是"这户人家的女子要出嫁"。那么，"归"为何为"出嫁"之意呢？"归"，繁体为"歸"，《说文解字》曰："女嫁也，从止，从妇省。"止，就是足，行走的意思；妇，为妇女。"止"的上部分结构为声符。该字为形声兼会意字。古人认为"妇人生以父母为家，嫁以夫为家，故谓嫁曰归"。

"升堂入室"：登上厅堂，进入内室，比喻学问造诣深浅程度的差别。入室，指达到最高境界，升堂，稍次于入室。古代宫室，前为堂，后为室。《论语》曰："由也升堂矣，未入室也。"为了进一步理解该成语，可对"室"的结构进行分析。"室"，上部为房屋，下部为"至"。"至"像箭矢着地，箭矢着地，则有终极之意，因而"室"为房屋后部的专称。

"韬光养晦"：收敛锋芒，隐藏踪迹，形容深藏不露。韬，《说文解字》曰："剑衣也。从韦，舀声。""韬"就是剑套、剑鞘之义。"韦"是形符，"舀"为声符。"韦"，即熟牛皮。"韦编三绝"表示编联竹简的牛皮绳断了多次，形容读书勤奋。在《左传·秦晋崤之战》里，有"以乘韦先"（用四张熟牛皮作为先行礼物）的句子。弄清了"韦"之义，也就明白了"韬"义为"剑套、剑鞘"的缘故了。光，代指"剑"。由此可进一步明确："韬光"，就是把剑藏在剑套里，收敛其锋芒。养，培养；晦，《说文解字》曰："月尽也，从日，每声。"晦，是指农历每月的最后一天，其时，月亮经历了一个显隐圆缺的周期，至此完全隐没，引申为"隐藏"。因此，"养晦"，就是培养隐藏踪迹的能力。

四、在文言文常用实词、虚词教学中的意义

"即""既"和"卿"："即"的基本义是接近。它是会意字，左边是盛食物的器皿，右边是一个人，表示一个人靠近盛食物的器皿就食，如"可望而不可即"中的"即"用的就是该义。"既"，左边是盛食物的器皿，右边是一个身子对着器皿的人，但其头已经转了过去，表示已经吃完掉头向后，所以"既"的意思为"事情已经过去"，在文言文中解释为"已经"或"……以后"，如"言未既，有笑于列者"中的"既"，就是"完了，结束"之意。"卿"字则中间是盛食物的器皿，两边是面对面跪坐的两个人，可见"卿"的本义就是相对而食。这相对而食的两人，有酒喝、有肉吃，绝不会是百姓，而是官吏、公卿，故"卿"就成了古高级官僚的通称。

"则"：在文言中既可作名词，也可作副词，还可作虚词。作虚词是借用，而作实词的本义为法则、准则。"则"，《说文解字》曰"等画物也（为定差等而区划物体），从贝从刀"。贝，上古货币。实际上，籀文的"则"，从鼎从刀，像用刀在鼎上雕刻什么，很有可能是在将古代的一些法令、制度雕刻在鼎之类的器物之

上，成为人们效法的准则，则的本义由此而来。

"毋"：表禁止，常用作不、不用、别等义。在甲骨文和金文中，"毋"与"母"同形："母"字的两点，表示女子袒胸露乳，正在哺乳小孩。而"毋"，由胸前的两点变为一撇，《说文解字》曰："止之也。"因此"毋"有制止、阻止、不要等含义。

"及"：它的形体由两部分组成，从人从又（手），表示一双手把人抓住。《说文解字》称："逮也。"因为要逮住前面的人，必须要追赶上前面的人，所以"及"可引申为追赶、赶上之义。比如"楚人为食，吴人及之"中的"及之"，就是赶上的意思。"及"可进一步引申为"比得上"，如"徐公何能及君也"。

"莫"：上下为"艸"，中间为"日"，会意字，意为太阳落在草丛中，即将天黑，即傍晚。后来，由于"莫"假借为表否定的无定代词和表禁止的副词，多为"没有谁"或"不要"之意。为了表示"莫"字"傍晚"的意思，于是就另造一个"暮"字来表示，如苏轼《石钟山记》的"至莫夜月明"中的"莫"就是通"暮"。

"贼"：我们一般作为名词，盗贼。实际上，贼是动词，表毁坏。从贝，从刀，从戈，意为用刀、用戈将贝毁坏，即将珍贵的东西毁坏，如《墨子·非儒》中"是贼天下之人者也"中的"贼"即用此义。将东西损坏，实际上与窃取他人的东西一样，因此"贼"可引申为"盗贼""祸害"等。

"兼"：通常是同时进行或同时得到之意。《说文解字》曰："兼，并也，从又，持秝。""兼"由此义引申为合并、同时等义，如"兼听则明"就是用的"同时"之意。

"北"：在文言文中，"北"字常常有败退败逃之义，这是怎么来的呢？我们可以先来看看"从""比""北"三个字的构造情况。这三字均从二"人"，但是由于二"人"的排列组合方式不同，因而构成了三个不同的字。"从"是两个侧立的人构成，一人在前，一人在后，方向均朝左，意为"跟随"。"从"字中两个侧立的人，如果方向变为右，并肩站立，就变成了"比"，如"比肩""比立"就是"并列、并排"之义。由于两人并肩站立，关系自然亲密，故又有"接近、亲近"之义，如杜甫《兵车行》中的"生女犹得嫁比邻"、王勃的"天涯若比邻"二句中的"比"都是这个意思。"从"字中两个侧立的人，如果由于二人意见分歧，导致后一个人相背而去，就成了"北"。《说文解字》解"北"："乖也，从二人，相背。"所谓"乖"指二人关系不协调，本义就是"背对背""违背"。由于古代打仗，打了败仗的一方当然要背对着打胜的一方逃跑，因而"北"又有了"败逃""败逃的人"的意思，如"败北""追亡逐北"等。

"赤"：甲骨文的"赤"字，上部为一"大"字，下部为燃烧的火焰。会意字，本义为"大火"。"赤色"即为大火的颜色。经大火燃烧后，一切将不复存在，所以古人把一无所有或空无一物的状态称为"赤"。如"赤地千里"中的"赤"与"赤手空拳"的"赤"，都是一无所有的意思。由于婴儿离开母腹来到人间，身上一丝不挂，所以古代把出生的婴儿称为"赤子"。

"晋"：该字在文言文中常常解为"进""升"等义，是怎么来的呢？原来，甲骨文的"晋"为会意字，上部为两"矢"，下部为"日"，意为"二矢射日"。用箭射日当然包含有"前进""上升"等意义，故"晋京""晋级""晋升"等词语中保留了这些含义。

"乘"：甲骨文的"乘"是上部一个"大"，即为人，下部为木，即为一棵树，"乘"字像人登木之形，乘的本义为升、登。许慎将"乘"训为"覆"，即一物加于他物之上，这是由"一人加于树上"引申而来的，"乘车""乘船"就是这个意思。"乘"，古代常用作"乘车"讲，所以古人用"乘"作为车的量词。又由于古人乘坐的车常配有四匹马，所以又引申为"四"。《左传·秦晋崤之战》中的"以乘韦先",就是"以四张熟牛皮作为先行礼物"的意思。

本字	即	既	卿	则	母	毋	及	贼	兼
篆字	𝕬	𝕬	𝕬	𝕬	𝕬	𝕬	𝕬	𝕬	𝕬
本字	赤	晋	北	乘	天	莫			
篆字	𝕬	𝕬	𝕬	𝕬	𝕬	𝕬			

五、在古诗教学中的意义

陶渊明在《读〈山海经〉·其十》中写道:"刑天舞干戚,猛志固常在。"要讲清这两句诗,必然要介绍"刑天"这个人物。实际上,甲骨文的"天",上部为"〇",下部为"大",是一个正面站立的人形,其字看上去特别突出了人的头部,可见,"天"的本义为"头顶"。据《山海经》载:"刑天与帝争神,帝断其首,葬之常羊之山,乃以乳为目,以脐为口,操干戚以舞。"可见他是因为被天帝砍头而被称为"刑天"的。有一味治疗头痛的中药称为"正天丸",其中"天"就是"头"的意思。《说文解字》解"天":"颠也,至高无上,从一大。"既指出了它的本义,又指出它的引申义。

《诗经·卫风·氓》中称:"氓之蚩蚩,抱布贸丝。"要理解这句诗,必须弄清"氓"的意思。"氓"在现代汉语中有一个常用义是"流氓",这就很容易造成学生以今律古,认为诗中的这个男子肯定是流氓。实际上,"氓"就是"民",《说文解字》称:"民也,从民,亡声。"氓是个形声字,义符为"民",声符为"亡"。也许,将该字解为会意字更合适,从"民"从"亡",合起来就是"逃亡的民",即"无业游民"。对该义项进行引申,才有"品质恶劣，不务正业，为非作歹的人"的含义。

屈原《离骚》中的"纷吾既有此内美兮，又重（chóng）之以修能"中的"修"为"美好"之义。该字为何解为"美好"呢？该字本应为"脩"，《说文解字》称："脯也，从肉，攸声。""脩"常用来作为见面礼。由于见面礼大多都是好的东西，再进一步引申，就有"美好"之义了。随后由"美好"又引申为"贤士"，如《离骚》中的"謇吾法夫前修兮，非世俗之所服"。

《孔雀东南飞》中写道："阿母得闻之，槌床便大怒。"学生难免疑惑：阿母在堂屋里，没有在卧室，怎会有床？无独有偶，有小学生在学李白的《静夜思》时也提出了类似的问题：李白睡在床上，怎么抬头、低头呢？出现这些问题，其关键在于没有弄清"床"的含义，将诗中的"床"误以为是今天的"床"。在古代，"床"既可坐，也可卧。《说文解字》解为"安身之坐者"，段玉裁注为"床之制略同于几而庳于几，可坐，故曰安身之几坐"。可见，上面两句诗中的"床"均为"坐具"，理解了这个意思，就不会有上述疑惑了。

六、在诗文名句默写中的意义

诗文名句默写是多年来高考的必考内容。选材主要来自课文的背诵篇目，部分来自课外的为人们广泛运用的诗文名句。我们都知道，这实际是对学生记忆力和书写的基本功的考查。在考题中，学生有时连一些基本的字都会写错，更不用说一些容易混淆的字词了。不过只要我们在平时训练时注意用字的构造知识进行分析，帮助学生理解名句的准确含义，就不会出错或少出错。

"海上生明月，天涯共此时"是唐代诗人张九龄《望月怀远》中的名句，不少人常把"生"误为"升"。其实就诗的意境来说，用"生"远胜于"升"，因为"生"是该句的诗眼，写出了一轮明月从大海中腾涌而出的雄浑阔大的意境。

"靡不有初，鲜克有终"是《诗经》中的名句。有人把其中的"靡"误为"糜"。其实，"糜"是浪费之意，"靡"是"无""没有"之意，原句意为"任何事情都有开头，但很少能到达终点"，告诫人们要善始善终。

"桃李不言，下自成蹊"是司马迁评价飞将军李广的名言。在默写时，不少学生将"蹊"误写成"溪"，这显然是没有弄清"蹊"字的本义。"蹊"，从足，奚声，本义为小路，在成语"独辟蹊径"中也是这个意思。该词表示桃树、李树虽不会说话，可是它的花果能够吸引人，于是树下自然就踩出了一条小路，比喻实至名归，重事实而不尚虚名。

"失之东隅，收之桑榆"。"东隅"，常被误写为"东偶"。"隅"，本义为角落。"东隅"，是太阳升起的地方，代指早晨。"桑榆"，傍晚日影落在桑榆树梢，代指黄昏。意为早上丢失了的，晚上又收回来。用来比喻最初失败，最后却取得成功。偶，本义为木刻的人像，后泛指泥塑的或木刻的人像。把东隅误为东偶，就与原句谬之千里。

【实践与探究】

1. 请说明《说文解字》是一部怎样的书。

2. 请说说象形、指事、会意、形声四种造字方法各有什么特点。试举例说明。

3. 试用五个独体字作偏旁来组成合体字。合体字分为两种，一种是会意字，一种是形声字。

4. 列举五个文言实词，分析结构，弄清其本义及引申义。

第四课　正写汉字

第一节　关于错字

错字，即本无其字，实为写错字形，指笔画写得不对或偏旁组合得不对，从而导致字不成字。错字主要有如下六种类型。

（1）多笔致错：如将"恭"下部写成水字，将"纸"下面多加一点，将"步"下面多写一点，将"长"下面多加一撇，将"染"的"九"误为"丸"，将"庆"的"大"误为"犬"等。

（2）少笔致错：如将"具"中间少写一横，将"缠"字少写一点，将"德"字中间少写一横等。

（3）改笔致错：如将"切"字左边误为"土"字旁，将"炼"字右边误为"东"字，将"经"字右边误为"圣"字等。

（4）移位致错：如将"牌"左边的"片"误为"爿"，将"默"字左边四点误为整个字底部四点，将"潇"字左右结构误为上下结构等。

（5）书写不规范的简化字：如将"信"字右边写成"文"，将"展"字写成一个"尸"字下加一横，将"西藏"的"藏"字写成草字头加一个上字，将"粮食"的"食"字写成"人"字下加一个"十"字等。

（6）受上下文影响类推偏旁致错：如将"辉煌"的"煌"左

边"火"字旁误为"光"字旁，将"狭隘"的"隘"左边误为反犬旁，将"鞠躬"的"鞠"左边误为"身"旁，将"模糊"的"模"左边的"木"旁误为"米"旁，将"疲劳"的"劳"字加上病字头等。

第二节　关于别字

别字，即本有其字，以乙代甲。别字主要有五种类型（下文示例中括号内为正字）。

一、形近致误

（1）修葺（葺）：茸，草初生纤细柔软的样子。葺，用茅草覆盖房顶，引申为修理房屋。

（2）肄（肆）业：肆，意为不顾一切、任意妄为；或为"四"的大写；还可作"店铺"讲，如茶坊酒肆。肄，学习；肄业，学习课程。后将在学校学习未毕业称为肄业。

（3）赢（羸）弱：赢，胜，获利。下部中间为贝，与利有关。《说文解字》解为："有余，贾利也。"意为有剩余，指做买卖所获得的利润。羸，瘦，疲劳。下部中间为"羊"，与"瘦弱"有关。

（4）如火如荼（荼）："荼"是苦菜，古书上又指茅草的白花。如火如荼，像火那样红，即像荼那样白，原比喻军容之盛，现用以表示气势蓬勃。而茶是指一种植物，其嫩叶加工后为茶叶。

二、音近致误

（1）礼上（尚）往来：在礼节上崇尚有往有来。尚，注重。

《礼记·曲礼上》称："礼尚往来。往而不来，非礼也；来而不往，亦非礼也。"

（2）手（首）屈一指：计数时首先弯下大拇指，表示认可。指居第一位，引申为最好。

（3）再接再励（厉）：接，接战；厉，磨快，引申为奋勉、努力。比喻一次又一次的努力，激励自己或他人再加一把劲。

（4）纷至踏（沓）来：纷，众多，杂乱；沓，多，重复。形容接连不断地到来。而不能理解为（人）纷纷踏着步子到来。

（5）一愁（筹）莫展：一点计策也想不出。筹：古代计数的用具，以木制成的小棍或小片，引申为计策。并不是眉头愁得展不开。

三、义近致误

（1）坠（堕）胎：指人工流产。坠，形声字。从土，队声。坠落到地上，故从土。本义为落下、掉下。堕，使动用法，使……落。

（2）略（掠）夺：抢劫，夺取。掠，形声字，从手，京声，夺取，多指财物；略，形声字，从田，各声，本指封疆土地，后引申为夺取，如攻城略地。

（3）弱不经（禁）风：禁，禁受、耐。形容身体娇弱，连风吹都承受不起。

（4）遗（贻）笑大方：贻，赠送，"作《师说》以贻之"（韩愈《师说》）；贻笑，让人笑话；大方，原指懂得大道的人，后泛指见识广博或有专长的人。《庄子·秋水》中的"吾长见笑于大方之家"便指让内行人笑话。遗，遗留，因此，这里的"贻"不能误为"遗"。

（5）串（穿）插：穿，主要是破、透的意思；串，则主要是连贯之意。穿插，就是交叉的意思。小说戏曲中，为了衬托主题而安排的一些次要情节，也叫穿插。

（6）哀（唉）声叹气：唉，叹气声，而不是哀叹的声音，本词是指因伤感郁闷或悲痛而发出叹息的声音。

四、偏旁同化致误

（1）编缉（辑）：由于受"编"的影响，很容易把"辑"写为"缉"。其实，"辑"本义为协调驾车的众马，引申出来的含义就是使各部分协调。缉，把麻析成缕连接起来。通缉，由于要用绳子捆绑犯人，因此用"缉"。

（2）脉膊（搏）：由于受"脉"的影响而易将"搏"误为"膊"，其实词语意为"动脉的搏动"。心脏收缩时由于输出血液的冲击所引起的动脉跳动，就是脉搏。

（3）脉胳（络）：人身的经络，引申为条例、线索。络，网状的东西。胳：形声，从肉，各声，其本义指腋下。

（4）沤（呕）心沥血：呕，吐；沥，一滴一滴。比喻用尽心思。多形容为事业、工作、文艺创作时用心的程度。由于受"沥"的影响，而易将"呕"误为"沤"。沤，则指长时间浸泡使软化，如沤肥。

（5）满脸绉（皱）纹：皱纹与皮肤有关，故为"皱"。绉，一种有皱纹的丝织品。

五、音、形两近致误

（1）急燥（躁）。急躁的人往往喜欢跺脚，故用"躁"。

（2）插科打浑（诨）。科，指古典戏曲中的表情和动作；诨，诙谐逗趣的话。其义是指戏曲、曲艺演员在表演中穿插进去的引人发笑的动作或语言。浑，跟水有关，指水不清，如浑浊等。

（3）脱颖（颍）而出。颖，《说文解字》曰："禾末也。从禾，顷声。""颖"是禾的末端；"颍"，颍水，是一条河，二者相去甚远。

（4）冒天下之大不违（韪）。韪，正确；违，违反。二者毫不相关。

（5）蘖（孽）根祸种。孽，形声；从子，薛声。本义指庶出，宗法制度下指家庭的旁支。后引申为低贱，再引申为邪恶、罪恶。"蘖"，形声；从木，薛声。本义指被砍或倒下的树木再生的枝芽，后泛指植物近根处长出的分枝。

类似的还有贪脏（赃）枉法、精神攫（矍）铄、娇生贯（惯）养等。

第三节　汉字识记

现代文字数量众多，若没有一些方法技巧，掌握起来相当困难。因此要做到正确书写汉字，尤其是不写别字，有必要掌握一些识记现代汉字字形的技巧。

识记汉字要从汉字的三要素，即音、形、义入手，从整体上进行把握。

一、音辨法（以音辨形）

音辨法即通过朗读该词，发现词中字的书写正误。这就要求我们平时一定要读准字音，因为只有字音读准了，才能将字与音对号入座，才不会写成错别字。例如墨守成（chéng）规，不能写成陈（chén）规；渎（dú）职，不能写成赎（shú）；人影憧憧（chōngchōng），不能写成幢幢（zhuàngzhuàng）；奴颜婢（bì）膝，不能写成卑（bēi）等。

以音辨形。比如"翊"读 yì，是"辅佐、帮助"的意思；"翔"读"xiáng"，是"盘旋飞翔"的意思；"诩"读"xǔ"，是

"夸耀"的意思。再如"沧（cāng）"与"沦（lún）"、"拨（bō）"与"拔（bá）"、"汩（gǔ）"与"汨（mì）"、"泌（mì）"与"沁（qìn）"等。又如"辍学"的"辍"音"chuò"，"点缀"的"缀"音"zhuì"；"掂量"的"掂"音"diān"，"惦记"的"惦"音"diàn"；"无耻谰言"的"谰"音"lán"，"泛滥"的"滥"音"làn"等。因此，如果能读准读音，对辨识字形很有帮助。

二、形辨法（以形辨形）

汉字中绝大多数为形声字，我们可以通过形旁用辨形组词法来辨别字形。另外还有一些字的形体十分相像，有的只是一笔之差，这就要求进一步辨别偏旁，分清笔画。例如："眼花缭乱"的"缭"是指丝织品的缠绕，"潦草"指做事不仔细、不认真；"插科打诨"的"诨"跟言语有关，"浑水摸鱼"的"浑"指水"浑浊"；"风驰电掣"的"驰"指快跑（多指车马），"文武之道，一张一弛"的"弛"指松开、松懈等。再如"大巧若拙"的"拙"是提手旁，是笨手笨脚的意思；"茁壮成长"的"茁"是草字头，与植物生长有关；"咄咄逼人"的"咄"从"口"，与言语有关。"不容置喙"的"喙"从"口"，与嘴有关；"如椽大笔"的"椽"从"木"，与树木有联系。

此外，单纯词的形旁往往相同，如苜蓿、缥缈、伶俐、陷阱等。其他字形相近易混淆的字还包括：

（1）驰和弛：两字一为马字旁，一为弓字旁。如：废弛，废弃懈怠。驰名，声名传播得很远。

（2）赅和骇：两字一为贝字旁，一为马字旁。如：言简意赅，赅（gāi），完备。话不多，但意思完整。形容说话写文章简明扼要。惊骇（hài），惊慌害怕。

（3）犷和旷：两字一为反犬旁，一为日字旁。犷，形声，从犬广声，本义是犬凶恶、凶猛，引申为粗野、强悍。旷古未闻，自古以来都没有听说过。旷古，自古以来。旷，形声，从日广声，本义为光明、明朗。引申为空、没有等。

（4）脍和烩：两字一为月旁，一为火字旁。如：脍炙人口，脍，切细的肉；炙，烤熟的肉。脍和炙都是人们爱吃的食物。指美味人人爱吃。比喻好的诗文受到人们的称赞和传颂。大杂烩是用多种菜混合在一起烩成的菜。比喻把各种不同的事物胡乱拼凑在一起的混合体（含贬义）。

（5）梁和粱：两字一为木字底，一为米字底。如：梁上君子，躲在梁上的君子。窃贼的代称。出自《后汉书·陈寔传》："时岁荒民俭，有盗夜入其室，止于梁上。寔阴见，乃起自整拂，呼命子孙，正色训之曰：'夫人不可不自勉。不善之人未必本恶，习以性成，遂至于此。梁上君子者是矣！'"现在有时也指脱离实际、脱离群众的人。黄粱美梦，黄粱，小米。比喻虚幻不能实现的梦想。

（6）戮和戳：两字一为翏（liù）字旁，一为翟字旁。杀戮，多指大量地杀害。戳穿，戳（chuō），用硬物尖端触击，意为"刺"，"刺穿"，或为"说破""揭穿"。

（7）孪和挛：两字一为子字底，一为手字底。孪（luán），双生，俗称双胞胎。孪，乳两子也。挛，本义指维系，牵系。痉挛（jìng luán），指肌肉紧张，不自然地收缩，多由中枢神经系统受到刺激引起。

（8）怄和讴：两字一为竖心旁，一为言字旁。如：怄气（òu qì），闹别扭，生闷气。讴歌，歌颂。讴（ōu），形声字。从言，区（ōu）声。本义为无伴奏，齐声歌唱。

（9）罄和磬：两字一为缶字底，一为石字底。如：罄竹难书，罄（qìng），尽、完；竹，古时用来写字的竹简。形容事情太多难以一一书写。石磬（shí qìng），指一种石制的打击乐器，或一种石制的耕具。磬，本义是古代乐器，用石或玉雕成。悬挂于架上，击之而鸣。

（10）蘸和醮：两字一有草字头，一无。蘸（zhàn），在液体、粉末或糊状的东西里沾一下就拿出来，如蘸糖。醮（jiào），古代婚娶时用酒祭神的礼。打醮，旧时道士设坛念经做法事。再醮，旧时为寡妇再嫁的称呼。

（11）蜇和蛰：两字的上部，一为折字，一为执字。蜇（zhē），毒虫叮刺，指毒虫刺人。蛰伏（zhé fú），动物冬眠，潜伏起来不食不动，借指蛰居。后喻独处不仕之人。惊蛰（jīng zhé），指惊醒蛰伏的昆虫等动物，又指二十四节气之一，通常在三月五、六或七日。蛰居（zhé jū），像动物冬眠一样长期躲在一个地方不露面。

（12）鸩和鸠：两字一为九字旁，一为尤（yín）字旁。如：饮鸩止渴，鸩，传说中的毒鸟，被它的羽毛浸过的酒毒性很大。饮鸩止渴指喝毒酒解渴，比喻用错误的办法来解决眼前困难而不顾其严重后果。斑鸠，鸟，身体灰褐色，颈后有白色或黄褐色斑点，嘴短，脚淡红色。常成群在田野里吃谷粒，对农作物有害。

（13）灸和炙：两字一为久字头，一为肉字头。如：针灸，针法和灸法的合称，是我国医学的宝贵遗产。针法就是用特制的金属针，按一定穴位，刺入患者体内，用捻、提等手法以达到治疗疾病的目的。灸法就是把燃烧着的艾绒按一定的穴位，靠近皮肤或放在皮肤上，利用热的刺激来治疗疾病。炙，从肉从火。会意字，肉在火上烤。炙手可热，手摸上去感到热得烫人。比喻权势大、气焰盛，使人不敢接近。

（14）笫和第：笫，zǐ，下部为"姊"字右部分；如：床笫之私，笫，竹编的床席；床笫，床铺。用来指闺房之内或夫妇间的私话、私事。第，形声。从竹，弟声。门第，封建时代指整个家庭的社会地位和家庭成员的文化程度等。

三、义辨法（以义辨形）

义辨法即通过分析词语的意义来分析字形的书写是否正确的方法。例如，"再接再厉"原指古代斗鸡游戏中，为了斗鸡获胜，斗鸡者在磨刀石上磨斗鸡的嘴喙，使它嘴尖锋利，一下啄伤对方，甚至制敌于死命；"墨守成规"中的"墨"指墨子，有墨子守城的说法，故"墨"不能写成"默"；"一筹莫展"表示一个办法也没有，"筹"本义是指竹木或象牙等制成的小棍儿或小片儿，主要用来计数或作为领取物品的凭证，引申为"计策、办法"，故"筹"不能写成"愁"；"针砭时弊"中，"砭"指古代治病的石头针，"针砭"比喻发现或指出错误，故"砭"不能写成"贬"。

俗话说，"字不离词，词不离句，句不离篇"，因此在理解词语含义的基础上掌握字形，更不易出错。例如有人误写"不胫而走"为"不径而走"，"胫"是"小腿"，"不胫而走"指没有腿却能跑，形容传布迅速，故不能把"胫"误为"径"。还有不少人把"功亏一篑"误写为"功亏一匮"，"篑"是盛土的筐，"功亏一篑"指堆九仞高的土山，只差一筐土不能完成，比喻一件大事只差最后一点人力物力就能成功，故应为"篑"。

字义往往决定着汉字的正确使用，在一定的语言环境中，汉字大多有其特定的意义，需要相应的意义"对号入座"，因而"明义记字"是记忆字形最有效的方法之一。比如，寥若晨（辰）星（括号内为错字，下同）："寥"是稀少之意，早晨的星星很少。而"辰"是星辰之意，天上的星星并不少。卓尔（而）不凡："而"表转折，如"肥而不腻"，前后意思、事理应该矛盾，此处不应用"而"。心心相印（映）："印"可以表示心与心的重合，强调心无隔阂。"映"有映照的意思，表示心怀鬼胎，互不信任。

有些词语有特定意义，其背后往往有一个美丽的神话故事、寓言故事或历史故事。只有追根溯源，方能准确"定形"。例如世外桃源（园），不宜写为"桃园"。一枕黄粱（梁），意同"黄粱一梦"。

四、形义结合助记忆

汉字是表意文字，利用这一特点，我们可以借助字形和语义的联系来辨析词语。如"溃烂""馈赠""匮乏""昏愦""振聋发聩""功亏一篑"等词语，我们利用其形旁的差异，再结合语义，就很容易区分了。下面这些词语，都可借助"形"和"义"来帮助记忆。

（1）唯物辩证与辨证施治。

"辩"和"辨"，两字左右偏旁均相同，中间一从言，一从刀。辩，说明是非或争论真假。辨，分剖、判别。

辩证：辨析考证。

辨证：也作"辨症"，就是辨别症状，根据诊断所得的资料进行分析、综合、归纳，以判断疾病的原因、部位、性质，从而作出正确的诊断，为治疗疾病提供依据。

（2）梳妆打扮与乔装改扮。

《说文解字》曰："饰也。"妆，就是修饰、打扮。乔装中的装为服装，意为改变服装以隐瞒自己的身份。

（3）纵横捭阖与稗官野史。

纵横捭阖：纵横，合纵连横；捭阖，开合。其是战国时策士游说的一种方法，指在政治或外交上运用手段进行分化或拉拢。

稗官野史：稗官，古代的一种小官，专给帝王搜集街谈巷语，道听途说，以供省览，后称小说或小说家为稗官。其用以指旧时的小说和私人编撰的史书。

（4）奴颜婢膝、卑躬屈膝、不无裨益与俾使成功。

奴颜婢膝：奴颜，奴才的脸，满面谄媚；婢膝，侍女的膝，常常下跪。指表情和动作奴才相十足。形容对人拍马讨好时卑鄙无耻的样子。

卑躬屈膝：卑躬，低头弯腰；屈膝，下跪。形容没有骨气，低声下气地讨好奉承。

不无裨益：裨益，好处；裨（bì），增添，补助。

俾使成功：俾，形声字。从人，卑声。本义为门役，引申为使。俾使成功，即使他成功。

（5）鞠躬尽瘁、荟萃、精粹、憔悴、淬火。

鞠躬尽瘁：指恭敬谨慎，竭尽心力。瘁，形声。从疒（nè），卒声。从"疒"，本义为困病，表示与疾病有关。

荟萃：多指英俊的人物或精美的东西会集、聚集。《说文解字》曰："草多貌。"萃，形声字，从艸，卒声。本义为草丛生的样子。

精粹：精华。粹，形声字。从米，卒声。本义为精米。

憔悴：形容人瘦弱，面色不好看。悴，形声字。从心，卒声。本义为忧愁，悲伤。

淬火：工件热处理的一种方法，可以使工件获得某种特殊性能。通常是把金属工件加热到一定温度，然后浸入冷却剂（油、水等）急速冷却，以增加硬度。

（6）亵渎、渎职、赎罪、穷兵黩武、买椟还珠、连篇累牍与舐犊情深。

亵渎：轻慢、不尊敬。亵，从衣，执声。本义为贴身的内衣。渎，形声字。从水，卖声；本义为水沟，水渠。

渎职：不尽职，是指专业服务者或国家机关工作人员在执行任务时犯严重过失。

赎罪：用行动抵消所犯的罪过。赎，形声字，左形右声。本义为用财物换回人或抵押品。

穷兵黩武：黩，形声字。从黑，卖声。本义为污浊，这里是随便、任意的意思。随意使用武力，不断发动侵略战争。用来形容极其好战。

买椟还珠：椟，木匣；珠，珍珠。买下木匣，退还了珍珠。比喻没有眼力，取舍不当。

连篇累牍：累，重叠；牍，古代写字的木片。形容篇幅过多，文辞冗长。

舐犊情深：舐，舔；犊，小牛。舐犊，老牛舔小牛的毛以示爱抚。比喻父母对子女的慈爱之情。

（7）通牒、间谍、喋血与影碟。

通牒：一个国家通知另一个国家并要求对方答复的文书。牒，形声字；从片，枼（yè）声。古时木片常用作书写材料，故从"片"。本义为简札。

间谍：被敌方或外国派遣、收买，从事刺探军事情报、国家机密或进行颠覆活动的特务分子。谍，形声字。从言，枼（yè）声。本义为间谍、细作。

喋血：血流满地杀人很多。喋，形声字。从口，枼（yè）声。喋喋用来形容说话多。

影碟：视盘。碟，形声字。从石，枼（yè）声。本义为盛食品的小盘。

（8）秘诀、诀别、联袂、抉择与决裂。

秘诀：能解决问题的不公开的巧妙办法。诀，形声字。从言，夬（guài）声。本义为辞别、告别，特指长别。后又指就事物主要内容编成的顺口押韵的、容易记忆的词句，如口诀等。

诀别：指无会期的离别。

联袂：手拉着手，比喻一同来或一同去。袂，形声字。从衣，夬（guài）声。本义为衣袖。

抉择：挑选，选择。抉，形声字。从手，夬（guài）声。本义为挑出，挖出。

决裂：谈判、关系、感情等破裂。决，形声字。从水，夬（guài）声。本义为疏通水道，使水流出去。

（9）疏浚、怙恶不悛、逡巡、皲裂、严峻、俊俏与竣工。

疏浚：清除淤塞或挖深河槽使水流通畅。浚，形声字。从水，雋（jùn）声。本义为从水中挹取。

怙恶不悛：怙，依靠，依仗；悛，改过，悔改。坚持作恶，不肯悔改。

逡巡：有所顾虑而徘徊或不敢前进。逡，形声字。本义为徘徊的样子。

皲裂：皮肤因寒冷干燥而破裂。皲（jūn），手足的皮肤冻裂。

严峻：严厉，严肃。峻，形声字。从山，雋（jùn）声。本义为高而陡峭。

俊俏：相貌好看。俊，形声字。从人，雋（jùn）声。本义为才智超群的人。

竣工：工程完工。竣，形声字。本义为退位，后引申为完结。

（10）功亏一篑、振聋发聩、匮乏、溃败与馈赠。

功亏一篑：亏，欠缺；篑，盛土的筐子。堆九仞高的山，只缺一筐土就能成。比喻做事情只差最后一点。

振聋发聩：聩，天生耳聋，引申为不明事理。声音很大，使耳聋的人也听得见。比喻用语言文字唤醒糊涂麻木的人，使他们清醒过来。

匮乏：（物资）缺乏；贫乏。

溃败：被打垮。溃，形声字。从水，贵声。本义为水冲破堤岸。

馈赠：赠送。馈，形声字。从食，贵声。本义为以食物送人。

（11）潦草、嘹亮、眼花缭乱、同僚、燎原、撩拨。

潦（liáo）草：字迹不工整；做事不仔细、不认真。潦（lǎo），雨水大。路上的流水、积水。王勃《滕王阁序》：潦水尽而寒潭清。

嘹亮：声音清晰响亮。

眼花缭乱：缭乱，纷乱。复杂纷繁的东西使人感到迷乱。也比喻事物复杂，无法辨清。缭，形声字。从糸（mì），寮（liáo）声。表示与丝有关。本义为缠绕。

同僚：旧时称同在一个单位任职的官吏。僚，形声字。从人，寮（liáo）声。本义为官、官职。

燎原：大火延烧原野。燎，形声字。从火，寮（liáo）声。本义为放火焚烧草木。

撩拨：挑逗，招惹。撩，形声字。从手，寮（liáo）声。本义为整理。

（12）寒暄、喧宾夺主、渲染、煊赫与宣泄。

寒暄：见面时谈天气冷暖之类的应酬话。暄，形声字。从日，宣声。本义为温暖。

喧宾夺主：喧，声音大。客人的声音压倒了主人的声音。比喻外来的或次要的事物占据了原有的或主要的事物的位置。

渲染：本指国画的一种画法，用水墨或淡的色彩涂抹画面，以加强艺术效果。渲，形声字。从水，宣声。本义为一种绘画方法，先把颜料涂在纸上，再用笔蘸水涂抹使色彩浓淡适宜。

煊赫：形容气势或名声很大。煊，温暖。

宣泄：使积水流出去；舒散；吐露。《说文解字》曰：天子宣室也。宣室，大室也。本义为帝王宫殿。后引申为皇帝命令或传达皇帝的命令，如宣召（皇帝召见）、宣诏（传旨）。

（13）赝品与义愤填膺。

赝品：伪造的文物。赝，形声字；从贝，雁声。本义为假的、伪造的。

义愤填膺：义愤，对违反正义的事情所产生的愤怒；膺，胸。意为发于正义的愤懑充满胸中。

（14）相形见绌、咄咄逼人、拙劣与茁壮成长。

相形见绌：形，对照；绌，不够、不足。和同类的事物相比较，显出不足。

咄咄逼人：咄，形声字。从口，出声。本义为呵斥声。咄咄，使人惊奇的声音。形容气势汹汹，盛气凌人，使人难堪。

拙笨：笨拙。拙，形声字。从手，出声。本义为笨拙，不灵活。

茁壮成长：健康地成长。茁，会意字。从艸，从出。本义为植物才生长出来的样子。

五、结构推断法

有些词语结构比较特殊，内部相对应的字前后意义有一定的互证关系，或相反相对，或相互对照，我们可以通过其中一字来推断另一字，进而从结构上记准这些词。例如"仗义执言"是由两个动宾结构组成的并列短语，若把"执"换成"直"，就把动词变成了形容词，其语法结构自然就被破坏了。又如"人情世故"中"人"与"世"对应，"情"与"故"对应，意思是为人处世的道理。

我们可以借助词语（特别是成语）语法结构、词义对应来判断字形书写是否正确。例如"嘻笑怒骂"中的"嘻"应改为"嬉"。我们可看出"笑""怒""骂"均为动词，从词语的结构对应的角度可判断前边不应该是可作叹词或象声词的"嘻"，而应该是可作动词的"嬉"。又如"阴谋鬼计"中的"鬼"应该为

"诡"。此词为并列式结构,"谋"与"计"意义相近,"阴"与"诡"都为形容词,而"鬼"是名词。再如"山青水秀"中的"青"应为"清"。"山"与"水"同指自然景物,"清"与"秀"为形容词,取纯洁秀丽的意思。

这类词还有(括号内为错字):文(闻)过饰非,文与饰同义,都是掩饰之义,不能误为"闻"。珠联(连)璧合,联与合呼应,都是结合之义,不能误为"连"。惹是(事)生非,是与非呼应,构成"是非",指口舌、矛盾。不能误为"事"。名门望(旺)族,名与望呼应,是有名的、有声望的,不能误为"旺"。宁缺毋滥(乱),缺和滥呼应,是缺少与过多之义,不能误为"乱"。卑躬(恭)屈膝,躬和膝呼应,是身子与膝盖之义,不能误为"恭"。歪风邪(斜)气,歪与邪呼应,不正当与邪恶之义,不能误为"斜"。轻歌曼(慢)舞,轻与曼呼应,是轻柔与美妙之义,不能误为"慢"。

六、趣味记忆法

学习心理学认为,将枯燥的知识予以丰富的想象和联想,不仅能增加学习的趣味性,也能增强学习者的记忆效果。字形记忆运用此研究成果,效果尤为明显。例如(括号内为错字):真知灼(卓)见,真金不怕火炼(涉及"真","火"照应了"灼");人不敷(付)出,过日子不够支出的不是人("不是人"否定了单人旁的"付");铤(挺)而走险,不服管教,将戴镣铐("镣铐"与"铤"都是"金"字旁);声名鹊(雀)起,喜鹊为人所喜爱,麻雀为人所厌恶(一个人声誉名气大是好事,值得赞扬,应该用一个表示美好情感的事物);明火执仗(杖),杖可理解为"拐杖"或者"擀面杖",要老人与妇女公然抢劫,太不容易了。

【实践与探究】

1. 举例说明什么是错字和别字。

2. 从日常生活中的广告牌、宣传单、说明书上查找错别字或不规范的用字，并做简要分析。

3. 准备一个错别字本，将自己每次作文中的错别字收集起来，并标注好正字，每周翻阅，帮助自己纠正错别字。

第五课　汉字读音

第一节　古今音变

万事万物都在变化，汉字的读音也一样。《论语·先进·侍坐》记述的是孔子讲学的情景，不论曾晳、颜回等弟子感觉到的孔子教学是多么生动，但如果现代人走进去听，多半一句话也听不懂，那是因为孔子的时代与现代相隔已有两千多年，许多汉字的读音都发生了很大的变化。

汉字的读音究竟有怎样的变化呢？我们有必要对此进行一番简单梳理。

一、关于声母

古代并没有记录音素的符号，多用记录音节的汉字来记录声母，而现代汉语音节开头的部分即为声母。最早用汉字代表声母的是唐代末年的和尚守温，他制定了 30 个字母，宋人在他的基础上做了增补和调整，有了 36 个声母汉字。它们是：

重唇音：帮、滂、并、明

轻唇音：非、敷、奉、微

舌头音：端、透、定、泥

舌上音：知、彻、澄、娘

牙音：见、溪、群、凝

齿头音：精、清、从、心、邪

正齿音：照、穿、床、审、禅

喉音：影、晓、匣、喻

半舌音：来

半齿音：日

新中国成立后，国家推行《汉语拼音方案》（以下简称《方案》）。《方案》采用拉丁字母作为汉字的注音字母。《方案》列有21个声母。根据传统方式按发音部位将其排列在一起，一共可分为6组：

b、p、m、f　　　　　d、t、l、n

g、k、h　　　　　　j、q、x

zh、ch、sh、r　　　z、c、s

二、关于韵母

中国诗歌发达，诗歌要求押韵，表明古人很早就对汉字的"韵"有所认识。为了审音辨韵的需要，六朝时出现了一批韵书，宋代出现了《广韵》，其为迄今为止的最为完整的影响最大的一本韵书。作者把同一韵的字归并到一起，按语音中的韵划分的大的部类，就是韵部。其中每一韵部选用一个字为代表，这个代表韵部部类的字就叫韵目，《广韵》把韵归并为206个部类。

《广韵》分韵取细密区分的原则，但从写诗用韵的角度来说，过细的分韵会带来不便，于是有南宋刘渊《壬子新刊礼部韵略》面世，由于刘渊是平水（今山西临汾）人，故其又称《平水韵》。《平水韵》共106韵，是写诗用韵的依据，又叫《诗韵》。直到今天，律诗仍按《诗韵》要求押韵，可见其深远影响。

十三辙，是明清以来北方说唱文学用以押韵的韵部。辙，就是韵的俗称。合辙，就是押韵。十八韵，是根据现代北京语音音系归纳出来的韵部。按十三辙押韵比十八韵要宽，人们可以根据自己的实际需要选择。现代汉语普通话的韵母，共有 39 个，其中单韵母 10 个，复韵母 13 个，鼻韵母 16 个。韵母最多可达三个音素，根据它们的位置和特点，可分为韵腹、韵头和韵尾。韵腹是最不可缺少的。在韵文里，某些句末用同韵的字，就叫押韵。押韵，既可以是韵母完全相同，也可以是韵腹和韵尾相同而韵头不相同，还可以是韵腹接近（如韵母 o 与韵母 uo 和韵母 e 就比较接近）。

三、关于声调和平仄

声调是音节的高低升降，是音高的变化。古代汉语声调分平、上、去、入四声。四声又分为平声和仄声两大类。"平"是指四声中的平声，包括阴平、阳平二声；"仄"是指四声中的上、去、入三声（"仄"，就是不平的意思）。按传统的说法，平声是平调，上声是升调，去声是降调，入声是短调。明代释真空的《玉钥匙歌诀》曰："平声平道莫低昂，上声高呼猛烈强，去声分明哀远道，入声短促急收藏。"这就是说，平声没有明显的升降变化，声音平缓、舒长；仄声有明显的升降变化，声音较为收敛、短促。所以平声和仄声形成声调上的扬和抑两大类型。在诗文中如果恰当地调配平仄，让不同类型的声调在相应位置上出现，就能使音调多样化，形成一种抑扬错综、跌宕回环的韵律美。

在现代汉语中，声调仍然分为四声，但四声类别有差别，分为阴平、阳平、上声及去声，即第一声、第二声、第三声、第四声。那么古代的四声和现代的四声有怎样的联系呢？古代平声这个声调在现代汉语中分化为阴平及阳平，即所谓第一声、第二声；古代上声这个声调在现代汉语中一部分变为去声，一部分仍是上声（现代汉语拼音的第三声）；古代去声这个声调在现代汉语中仍是去声，即第四声；古代入声这个声调在现代汉语中已经不再存在，变为了阴平、阳平、上声及去声，古人概括为"入派三声"，即将入声分到了平、上、去三个声调里去了。

四、关于注音和古今异读

现代汉语采用《汉语拼音方案》进行注音，但在该方案产生之前，又是采用什么方法注音呢？古人在造字过程中发明的"六书"中的"形声"，从一定程度上可以看作是用另一个汉字的读音为新造字注音。

古人常见的注音方法有直音和反切等。所谓直音就是用一个完全与被注字同音的字注音，如"难，音南""诞，音旦"。直音注音法简洁明了，但完全同音又不冷僻的字十分有限，如没有常用的同音字，直音法也就不再适用。由此，古人发明了另一种注音方法，就是反切。反切是取另两个字的声母和韵母来注释被标注字的读音。反切法的规则是：反切上字与被切字同声母，反切下字与被切字同韵母和声调。如"唐，徒郎切"，反切上字"徒"与被切字"唐"同为 t 声母（古代同为"定"母）；反切下字"郎"与被切字"唐"同为 ang 韵母阳平（古代同为"唐"韵平声）。

古汉语中的某些字词要异读。异读主要有以下三类情况：

一是通假异读。比如"逝将去女"，女通"汝"，读为"rǔ"；"欲信大义于天下"，信，通"伸"，读为"shēn"。

二是古音异读。许多人名、地名、物名保留了古代的读音，与今音相异。"食""其"等，在用于人名时，"食"读 yì，"其"读 jī。"射"在用于古代钟名时，读 yì。有些来自外族语言的国名、人名、姓氏名等，读音也较为特殊，如"大宛"是古西域的国名，"宛"则读作 yuān。

三就是破读。所谓"破读"（亦称"读破"），就是通过改变一个字词的读音来表示不同的意义或者不同的词性。语言中的某一个字词，当其产生了新的意义或新的语法作用时，为了在读音上有所区别，并使之表达得更加明确，就把这个字词读为另一种读音，以表示差异。

破读又有以下几类情况：其一，名词用作一般动词的破读。例如"王"字，在古文中通常是作名词用，读阳平，即"wáng"，表"帝王""国王"之义。如果当动词，作谓语，表示"统治（天下）""称王"，就读去声，即"wàng"。如在"文王行仁义而王天下"（《韩非子·五蠹》）中，前一"王"字读"wáng"，后一"王"字读"wàng"。再如"衣"字，通常情况下是作名词，表示"衣服"的意思，读 yī；而在"乃使其从者衣褐"（《史记·廉颇蔺相如列传》）一句中作动词，带宾语，表示"穿"的意思，读去声"yì"。其二，某些及物动词在使动用法情况下，也要破读。如"晋侯饮赵盾酒"（《左传·宣公二年》）中的"饮"字，要破"yǐn"为"yìn"。"杀鸡为黍而食之，见其二子焉"（《论语·微子》）一句中的"食"，要破"shí"为"sì"；"见"，也要破"jiàn"为"xiàn"。

第二节　声韵辨正

中国地域辽阔，方言众多，给人们的交际活动带来诸多不便。因此，推广普通话，是我们每个中国人义不容辞的责任。

但推广普通话面临着很多问题。如声母中鼻音和边音、翘舌和平舌难辨，韵母中前鼻音和后鼻音不分，等等。根据多年学习和教学的经验，笔者将就如何克服上述问题谈谈体会和感悟。

一、声母辨正

1. 分清鼻音 n 和边音 l

分清鼻音和边音，要记住两点：一是偏旁类推，二是只记单边。前者是利用形声字的特点，如果一部分字的声旁相同，那么它们的声母就跟声旁的声母一致，如"楠""喃"声旁均为"南"，二字的声母就跟"南"的声母 n 一致。

声母为 n 的类推字，共计 18 个字：倪宁聂乃懦尼妞，那南奴脑内念诺，奈农虐捏。用类推字作部首的字，跟类推字的声母一致，比如"乃"是类推字，用"乃"作部首的"奶"，声母跟"乃"的声母一样，都是"n"。

只记单边的字，是指汉字中，n 声的字比 l 声的字少得多，只要记住 n 声这一边的字，l 声的字也就记住了。

另外还有一些单个字，也需要记住，如：暖男能拿你娘女闹，嫩鸟弄尿，年年挠闹。

2. 分清翘舌音和平舌音

我们可以采用代表字类推和记少不记多的原则来进行分辨。在普通话中，平舌音比翘舌音的数量少得多，所以我们采取记平舌音的办法解决。

（1）z 声母。

类推字 13 个：子匝宗尊曾赞卒，责祖资兹造澡。

单个字 37 个：邹总嘴最脏，则遭罪栽灾早，昨奏葬杂滓灶，左坐族做贼，赚足赃钻紫枣糟，咱姊纵走怎再自在？

（2）c 声母。

类推字 16 个：曹参寸才从此搓挫，慈蔡崔采粹崒醋仓。

单个字 33 个：雌蚕曾藏灿草丛，匆辞脆残餐，此次刺策层，操撮粗糙惭，猜测篡词聪，裁册赐促存。

（3）s 声母。

类推字 13 个：四司唆桑锁素叟，孙松思散遂斯。

单个字 41 个：俗僧塑伞私丝色涩，宿扫寺速丧，碎损髓随死；所耸肃森洒飒似赛诉诵，算宋三苏虽岁饲酥，索送塞蒜笋。

二、韵母辨正

韵母辨正，主要是要分清前鼻音韵母 en 和后鼻音韵母 eng、前鼻音韵母 in 和后鼻音韵母 ing。前鼻音韵母的字少，所以同样采取记前鼻音字母的代表字来类推。

1．en 韵母

类推字 18 个：分门肯，珍真贞，沈辰甚，申深参，壬刃贲，奔本艮。

单个字 15 个：臣焚森，奋尘衬粪，仁人身肾，怎亘针阵。

2．in 韵母

类推字 19 个：今寅金银尽禁斤，谨民心频侵，辛禽因隐阴嶙林。

单个字 14 个：津斌殷，临皿敏饮，品信紧聘您筋劲。

第三节　汉字正音

一、汉字误读原因

汉字虽然音节和谐，正读却很困难。在日常生活和学习工作中，一不留神就容易读错。常见的汉字误读原因主要有以下三种。

1. 多音多义字误读

具有两个或两个以上的读音和意义的字叫多音多义字。一个字读什么音，关键要根据其所产生的词境加以识别，语境不同，读音也就不同。比如"悄然"的"悄（qiǎo）"，如果读为"qiāo"就是错音；"埋怨"的"埋（mán）"不读"mái"；"炮烙"的"炮（páo）"不读"pào"；"拓片"的"拓（tà）"不读"tuò"；等等。还有书面语与口语读音不同的字，如"血"在"血海"中读书面语"xuè"，而在"血的教诲"中读口语"xiě"。还有就是人名、地名的读法与普通话读音不同，如"单"在"单于"一词中读"chán"，在"单县"中读"shàn"，即这两种情况"单"都不能读为"dān"。

确定多音多义字的读音的方法有以下四种：

（1）词义定音法。

词义定音法是根据"多音字的不同读音与不同的字义紧密联系"这个特点，凭借字的词义来判断读音的一种辨析方法。如"咽"，意为"声音受阻而低沉"时，读"yè"，如"哽咽"；而意为"使嘴里的食物或别的东西通过咽头到食道里去"时，读"yàn"，如"咽唾沫""细嚼慢咽"。

（2）词性定音法。

词性定音法是依据"多音字词性不同、读音相异"的特点来确定读音的一种方法。如"炮"在"炮烙"中作动词，意为"烧，烤"，应读"páo"；作名词时才读"pào"。"解救"与"浑身解数"中的"解"，前者是动词，意为"把束缚着或系着的东西打开"，应读"jiě"；后者是名词，意为"各种技艺"，应读"xiè"。

（3）语境定音法。

汉字中有不少多音多义字，不同的读音表示不同的含义，只有正确根据上下文理解词语，辨明语义，才能尽量避免误读、错读。在此，我们不妨根据字义，将其串成一句话，放在一定的语境里加以记忆。如"宿"字，便可设置这样的语境：李阳躺在宿（sù）舍想了一宿（xiǔ），天上究竟有多少个星宿（xiù）。又如"艾"字，可设置这样的语境：面对这方兴未艾（ài）的形势，他却总是自怨自艾（yì）。

（4）语体定音法。

汉字中有的多音字，在口语中当作单音词用时，是一种读音，而在书面语即在复合词和成语中，又是另一种读音。比如"露"字，当在口语场合作单音词用时，读为"lòu"，如"露一手""露面""露丑""露相""露马脚"；而当用于书面语，形式为复合词或成语时，读"lù"，如"露骨""露水""露珠""露天""原形毕露""风餐露宿""崭露头角"。其中应特别注意将"抛头露面"中"露"读"lù"，与"露面"中"露"读"lòu"相区分。

这类的多音字还有勒、逮、落、色、剥、薄、血、削、嚼、给、澄等。区别一个词是口语还是书面语，方法主要有两个。

①前后看缀字法：如果该词前面可加"老、小、第、阿"等衬字或后面可加"子、头、儿、性、者、化"，则说明该词为口语词。例如，"壳"为多音字，口语中读"ké"，书面语中读"qiào"，而"蛋壳"的"壳"是读口语音还是书面语音呢？这时可用缀字法。"蛋壳"后可加"儿"，则说明它是口语词，"壳"应读"ké"。

②中间加衬字法：一个词语作口语时，往往可以在词语中加衬字。常见的衬字有"的、得、地、着、了、个"等。如"露脸"，中间可加衬字"了"成"露了脸"，说明它是口语词，"露"应读"lòu"；"暴露"中间不能加衬字"了"，则说明它是书面语，"露"应读"lù"。可见，一个词如果不能加衬字，则该词一般多为书面语。但也存在特殊情况，如"泄露"中的"露"读作

"lòu"。

2. 形声字误读

(1) 形声字的类别。

形声字是形旁和声旁组成的字，依据形声字的声旁与形声字本字读音的关系，可以把形声字分成三类。

类型		示例分析
声旁的读音与本字的读音相同		"殚精竭虑"中的声旁"单"与"殚"读音都是"dān"
声旁读音与本字的读音相近	声母相同，韵母不同	"马厩""棱角""抨击""锲而不舍"中的"厩""棱""抨""锲"分别读"jiù、léng、pēng、qiè"，不能读成"jì、líng、píng、qì"
	声母不同，韵母相同	"刹那""纤维""蹊跷"中的"刹""纤""蹊"分别读"chà、xiān、qī"，不能读成"shā、qiān、xī"
	声母、韵母都相同，但声调不同	"谕旨"的"谕"读"yù"，不读"yú"；"不韪"的"韪"读"wěi"，不读"wéi"
声旁的读音与本字的读音完全不同		"泥淖"中的"淖"读"nào"，不读"zhuó"

(2) 形声字的读音。

形声字是利用声旁表示字的读音的字，但也存有许多的变化。

①有的形声字的读音完全是其声旁的读音，甚至连声调也没有发生任何变化，如"氛（fēn）围""蜚（fēi）声""巾帻（zé）"等。

②有的只是声调发生变化，如"怃（wǔ）然""紊（wěn）乱""诤（zhèng）友"等；有的只采用其声旁的韵母，如"吮（shǔn）吸""轻佻（tiāo）""赈（zhèn）济"等。

③有的甚至与声旁读音完全无关，如"瞠（chēng）目"

"酗（xù）酒""狭隘（ài）"等。有的依声，有的变声，如此种种，不可掉以轻心。

（3）形声字误读的情况。

①错读声旁，所谓的"读半边"。比如"分泌"一词，以"必（bì）"读，就是错音，实际上该字应读"mì"。类似的还有"畸（jī）形""风光旖（yǐ）旎""箴（zhēn）言""莘（shēn，不读 xīn）莘学子"等。

②以常读字的字音读同一声旁不同形旁的字，也是错的。如带有"且"部的形声字，其常读音一般为"zǔ"音，如"祖""阻""俎"等；但"狙击"的"狙（jū）""疽痈"的"疽（jū）"，如果读为"zǔ"音，就明显是误读了。类似的还有"谥（shì）号"不读"谥（yì 或 ài）号"，"膝（xī）盖"不读"膝（qī）盖"，"饿殍（piǎo）"不读"饿殍（fú）"，等等。

3. 形近字误读

（1）形近字的类别主要包括如下两种。

笔画增减造成的形近字	这类形近字的笔画只有细微的差别。如"大抵"的"抵"读"dǐ"，"抵掌而谈"的"抵"则读"zhǐ"，"泠泠作响"的"泠"读"líng"，而不读"lěng"（冷）
偏旁不同造成的形近字	偏旁或字的一部分略有不同造成的形近字。如"磐"读"pán"，与"馨、謦、罄"形近，后面的字易误读为"pán"，其实"謦""罄"读"qìng"，"馨"读 xīn。再如"赢"读 yíng，与"赢、羸、蠃"形近，实际上除"赢"读"yíng"外，"羸"读"léi"，"蠃"读"luǒ"

（2）形近字的误读。

以与其形似或形近的字的字音读音注音，这种读注法往往也是错的。比如，"粗犷"的"犷（guǎng）"与"扩（kuò）"形似，但不能把"犷"读为"kuò"音。类似的还有"整饬"的"饬（chì）"不读"shāng（伤）"，"修葺"的"葺（qì）"不读"róng（茸）"，"饲养"的"饲（sì）"不读"cì（伺）"，"木讷"

的"讷（nè）"不读"nà（纳）"，等等。

（3）避免形近字误读的方法。

①着眼部首，以义辨音。例如，"日月如梭"的"梭"与"怙恶不悛"的"悛"，二者形体相近，但是部首不同，前者从"木"，后者从"心"，通过着眼部首，学生便可知道二者的意义有别，其字音也大有差别，前者读"suō"，后者读"quān"。

②细微之处，审慎辨别。例如，"修葺"的"葺"与"茸毛"的"茸"，二者形体相似，然而细细辨别，则会发现其字形的细微差异，由此可判断其字音也应有所不同，前者读"qì"，后者读"róng"。再如，"汨罗江"的"汨"与"水流汩汩"的"汩"，二者的形体极为相似，但是审慎辨别后，便会发现二者的右半部分仍然是有区别的，前者读"mì"，后者读"gǔ"。

③形近音近，审慎区分。例如，"犄角"的"犄"与"掎角之势"的"掎"，二者形近音近，但其读音仍有区别，前者读"jī"，后者读"jǐ"。再如，"皴裂"的"皴"与"皲裂"的"皲"，二者形近、义近、音亦近，然而其读音还是有差别的，前者读"cūn"，后者读"jūn"。

二、常见误读字汇释

在日常生活中，人们经常把一些字音无意识地读错。而要全面推广普通话，就必须纠正这些错误读音。

笔者根据多年的教学经验，找出易读错字共计 151 个，并将它们大致分为了五类：文化类、工作类、生活类、交往类、其他类。富有文化内涵的词为文化类，偏重于工作方面的词语为工作类，偏重于生活方面的词语为生活类，偏重于交往方面的词语为交往类，不便归类的词就为其他类。

1. 文化类（37 个）

（1）挟天子而令诸侯：此词较普及，说的是三国时的曹操。

"今操已拥百万之众，挟天子而令诸侯，此诚不可与争锋。"（陈寿《三国志》）挟：挟制，读为"xié"，很多人错读为"xiá"。用来比喻借用名义按自己的意思去指挥别人。

（2）拓片：该词传统文化色彩浓厚，是指把碑刻、铜器等文物的形状和上面的文字、图像拓下来的纸片。拓，"tà"，不能读"tuò"。

（3）一叶扁舟：扁舟，小船。像一片小树叶那样的小船。形容船小而轻。苏轼《前赤壁赋》有"驾一叶之扁舟"的句子，为高中生所熟悉。扁，音"piān"，不能读为"biǎn"。

（4）蓦然回首：辛弃疾有词曰"众里寻他千百度，蓦然回首，那人却在灯火阑珊处。"该词知名度甚高。蓦，读"mò"，不能读为"mù"。

（5）饕餮："tāo tiè"，传说中的一种凶恶贪食的野兽，古代铜器上面常用它的头部形状做装饰，叫作"饕餮纹"。后用来比喻贪吃的人或凶恶贪婪的人。

（6）貔貅："pí xiū"，古书上说的一种猛兽。中国古代风水学者认为貔貅是转祸为祥的吉瑞之兽。从古至今，上至帝王、下至百姓都极注重收藏和佩戴貔貅。

（7）将进酒：汉乐府《铙歌十八曲》之一，李白沿用乐府旧题写有一首著名的古体诗《将进酒》，为高中语文课本的传统篇目。将，读为"qiāng"，请的意思，不能误读为"jiāng"。

（8）梁山泊：著名古典小说《水浒传》故事发生地。水浒故事家喻户晓。泊，读为"pō"，不少人误读为"bó"。

（9）南无阿弥陀佛：这个词语在中国十分普遍，走进寺庙，诵读该词之声不绝于耳。但即便如此，也有不少人读错，其中包括佛教信徒。正确读音为"ná mó ā mí tuó fó"。

（10）经幢：刻有佛的名字或经咒的石柱子，柱身多为六角形或圆形。幢，"chuáng"，不能误读为"zhuàng"。原指支撑帐幕、伞盖、旌旗的木杆，后借指帐幕、伞盖、旌旗。

（11）禅让：帝王把帝位传让给别人。禅，"shàn"，不能读为"chán"。

（12）古刹：古寺。刹，"chà"。梵语"刹多罗"的简称，寺庙佛塔。

（13）浩浩汤汤：《岳阳楼记》中"浩浩汤汤，横无际涯"一句里的汤汤，读为"shāng shāng"，意为水流大而急。不能读为"tāng tāng"。

（14）管窥蠡测：从竹管里看天，用瓢来量海水。比喻眼光狭窄，见识短浅。蠡，读为"lí"。

（15）陟罚臧否：诸葛亮《前出师表》："宫中府中，俱为一体，陟罚臧否，不宜异同。"该文选入初中语文课本，为初中生所熟知。其中，否读为"pǐ"，不能读为"fǒu"。

（16）道观：道教的庙。观，读"guàn"，不能误读为"guān"。

（17）歃血为盟：歃血，古代会盟，把牲畜的血涂在嘴唇上以表诚意。盟，宣誓缔约，泛指发誓订盟。歃，读为"shà"，不能读为"chā"。

（18）涸泽而渔：抽干池水捉鱼。比喻只图眼前利益，不做长远打算。该句子常与"焚林而猎"并用，用来批判毁灭式开发自然的行为。涸，读为"hé"。

（19）辍耕：停止耕作。辍，读为"chuò"，停止。出自《史记·陈涉世家》中的"辍耕之垄上"。

（20）哂笑：讥笑，哂"shěn"，不能读为"xī"。《论语·先进·侍坐》有"夫子哂之"的句子。

（21）沆瀣一气：唐僖宗时，主考官崔沆录取一个成绩平平、长相也不出众的崔瀣，并分配他一个很好的官职。崔瀣得意洋洋去上任，显出不可一世的样子。人们纷纷猜测他与崔沆的关系，还有人嘲笑他们是"座主门生，沆瀣一气"。沆瀣，读为"hàng xiè"，比喻臭味相投的人结合在一起。

（22）参谒：拜见上级或尊长，瞻仰尊者的故居等。谒，读为"yè"，不能读为"jié"。

（23）道行：僧道修行的功夫，比喻技能本领。行，读为"heng"。

（24）妲己：商纣王的宠妃。《封神榜》的故事流传甚广，老百姓耳熟能详。妲，读为"dá"，不能读为"dàn"。

（25）潦水尽而寒潭清：王勃《滕王阁序》中有"潦水尽而寒潭清，烟光凝而暮山紫"。潦水，雨后的积水。潦，读"lǎo"，不能读为"liáo"。

（26）阆苑仙葩：语出《红楼梦·枉凝眉》"一个是阆苑仙葩，一个是美玉无瑕"，说的是林黛玉和贾宝玉。阆苑，阆风山之苑，相传是西王母居住的地方，后泛指神仙所居之地。葩，花，读为"pā"，不读"bā"。

（27）款识：钟、鼎等器物上所刻的文字。识，读为"zhì"，不能读"shí"。考古、文物常用术语。

（28）安得广厦千万间：杜甫《茅屋为秋风所破歌》中的名句，初中生熟知。厦，读"shà"，不读"xià"。

（29）绸缪："chóu móu"，紧密缠缚。天还没有下雨，先把门窗绑牢。比喻事先做好准备工作。《诗经·豳风·鸱鸮》中有"迨天之未阴雨，彻彼桑土，绸缪牖户"。该词运用广泛，一旦读错就叫人不知所云。

（30）否极泰来：否（pǐ），坏运气。逆境达到极点，就会向顺境转化，指坏运到了头好运自然就会来。

（31）心广体胖：广，宽广，坦率；胖，读"pán"，安泰舒适。原指人心胸开阔，外貌就安详。后用来指心情愉快，无所牵挂，因而人也发胖。《礼记·大学》："富润屋，德润身，心广体胖。"

（32）伉俪：读"kàng lì"，夫妻。伉：对等、匹敌之意。俪：结缘、配偶之意。

（33）参商："shēn shāng"，参和商都是二十八宿之一，两者不同时在天空中出现，比喻亲友分离不能会面。同时也比喻感情不和睦。杜甫《赠卫八处士》："人生不相见，动如参与商。今夕复何夕，共此灯烛光。"所取便为前者之意。

（34）管弦：管乐器和弦乐器，泛指音乐。白居易《琵琶行》中有"主人下马客在船，举酒欲饮无管弦"，为中学生熟知。弦，读为"xián"，不读"xuán"。

（35）丝绦：丝编的带子或绳子。唐朝诗人贺知章《咏柳》中有"碧玉妆成一树高，万条垂下绿丝绦"，为中小学生熟知。绦，读"tāo"，不读"tiáo"。

（36）皈依：佛教名词。信仰佛教者的入教仪式。因其是对佛、法、僧三宝表示归顺依附，故亦称三皈依。皈，读"guī"，不读"bǎn"。

（37）踏莎行：词牌名，如宋欧阳修的《踏莎行·候馆梅残》。莎，多年生草本植物，读"suō"，不读"shā"。

2. 工作类（36 个）

（1）桎梏："zhì gù"，脚镣和手铐，比喻束缚人或事物的东西。梏，不读"gào"。

（2）和稀泥："huò xī ní"，比喻无原则地调解或折中。和，不读"hé"。

（3）擂台："lèi tái"，原指为了比武所搭的台子。"摆擂台"指搭了台欢迎人来比武，"打擂台"是参加比武。现在比赛或劳动竞赛中多用"摆擂台"比喻向人挑战，用"打擂台"比喻应战。擂，不读"léi"。

（4）便宜从事：指可斟酌情势，不拘规制条文，不须请示，自行处理。便，读"biàn"，不读"pián"。

(5) 挑战：故意激怒敌人，使敌人出来打仗；鼓动对方跟自己竞赛。挑，读"tiǎo"，不读"tiāo"。

(6) 莅临："lì lín"，来到；来临（多用于贵宾）。多用于正式场合。莅，不坊 wèi。

(7) 冗长："rǒng cháng"，指文章、讲话等废话多，拉得很长。冗，不读 chén。

(8) 咬文嚼字："yǎo wén jiáo zì"，形容过分地斟酌字句。多指死扣字眼而不注意精神实质。嚼，不能读"jiào"。

(9) 屡教不改："lǚ jiào bù gǎi"，多次教育，仍不改正。屡，不读"lōu"。

(10) 虚与委蛇："xū yǔ wēi yí"，虚，假；委蛇，随便应顺。指对人虚情假意，敷衍应酬。蛇，不能读"shé"。

(11) 一曝十寒："yī pù shí hán"，虽然是最容易生长的植物，晒一天，冻十天，也不可能生长。比喻学习或工作一时勤奋，多为懒散状态，没有恒心。曝，不能读"bào"。

(12) 簿册："bù cè"，记事记账的簿子。簿，不读"bó"。

(13) 与会：参加会议。与，读"yù"，不读"yǔ"。

(14) 卡壳："qiǎ ké"，本义是枪膛、炮膛里的弹壳退不出来，比喻办事等遇到困难而暂时停顿。卡，不读"qiā"，也不读"kǎ"。

(15) 丢三落四；形容做事马虎粗心，不是丢了这个，就是忘了那个。落，读"là"，不读"luò"。

(16) 悬崖勒马：勒马，收住缰绳，使马停步。在高高的山崖边上勒住马。比喻到了危险的边缘及时清醒回头。勒，读"lè"。

(17) 金蝉脱壳：蝉变为成虫时要脱去一层壳。比喻用计脱身，使人不能及时发觉。壳，读"qiào"，不读"ké"。

（18）怙恶不悛：怙，依靠，依仗；悛，改过，悔改。坚持作恶，不肯悔改。《左传·隐公六年》曰："长恶不悛，从自及也。"怙，读"hù"，不读"gǔ"；悛，读"quān"，不读"jùn"。

（19）浑身解数："hún shēn xiè shù"。浑身：全身，指所有的；解数：那套数，指武艺。所有的本领，全部的权术手腕。解，不读"jiě"。

（20）折腾："zhē teng"。翻过来倒过去；反复做（某事）；折磨。折，不读"zhé"。

（21）力能扛鼎："lì néng gāng dǐng"。扛，用双手举起沉重的东西；鼎，三足两耳的青铜器。形容气力特别大，亦比喻笔力雄健。扛，不读"káng"。

（22）暴虎冯河："bào hǔ píng hé"。暴虎，空手搏虎；冯河，涉水过河。比喻有勇无谋，鲁莽冒险。冯，不读"féng"。

（23）博闻强识："bó wén qiáng zhì"。闻：见闻。形容知识丰富，记忆力强。识，不读"shí"。

（24）招募："zhāo mù"。募集（人员）。募，不读"mò"。

（25）症结："zhēng jié"。指肚子里结块的病，比喻事情弄坏或不能解决的关键。症，不读"zhèng"。

（26）飞跃："fēi yuè"。本指鸟儿飞腾跳跃，比喻突飞猛进。跃，不读"yào"。

（27）谙熟：熟悉某种事物。谙，读为"ān"，不读"yīn"。

（28）泥古："nì gǔ"。抱泥于古代的制度或说法，不知结合具体情况加以变通。泥，不读"ní"。

（29）着数："zhāo shù"。下棋的步子；武术的动作；比喻手段，计策。着，不读"zhé"。

（30）赍发：资助，如慷慨解囊、赍发贫困。赍，读"jī"。

（31）莘莘学子：莘莘，众多的样子。指众多的学生。莘莘，读"shēn shēn"，不读"xīn xīn"。

（32）镌刻：雕刻。镌，读"juān"。

（33）讣告：报丧，或报丧的通知。讣，读"fù"，不读"pū"。

（34）觊觎："jì yú"，希望得到本不应得到的东西。

（35）炮制：原为中草药原料制成药物的过程，泛指编造、制订（贬义）。炮，读"páo"，不读"pào"。

（36）狙击：埋伏在隐蔽地点伺机袭击敌人。狙，读"jū"，不读"zǔ"。

3. 生活类（41个）

惬意（5个）：满意；称心；舒服。惬，读"qiè"，不读"xiá"。

（2）携手：手拉着手。携，读"xié"，不读"xī"。

（3）慰藉：安慰。藉，读"jiè"，不读"jí"。

（4）感喟：有所感触而叹息。喟，读"kuì"，不读"wèi"。

（5）耄耋："mào dié"，老人年老、高龄，不读 máo zhì。

（6）大腹便便："dà fù pián pián"，形容肥胖的样子。便便，不读"biàn biàn"。

（7）呱呱坠地：形容婴儿出生或事物问世。呱呱，"gū gū"，小儿哭声，不读 guā guā。

（8）拈花惹草：比喻到处留情，多指男女间的挑逗引诱。拈：读"niān"，不读"zhān"。

（9）呕吐：膈肌、腹部肌肉突然收缩，胃内食物被压迫，经食管、口腔而排出体外。吐，读为"tù"，不读"tū"。

（10）饮马：给马喝水，谓使战争临于某地；通过战争扩大疆土至某地。饮，读为"yìn"，不读"yǐn"。

（11）龟裂：裂开许多缝子，呈现出许多裂纹。龟，读"jūn"，不读"guī"。

（12）女红：旧谓妇女从事的纺织、刺绣、缝纫等。"红"，读为"gōng"，不读"hóng"。

（13）别墅：在郊区或风景区建造的供休养用的园林住宅。墅，读"shù"，不读"yě"。

（14）骰子：一种游戏用具或赌具，是用骨头、木头等制成的立体小方块，六面分刻一、二、三、四、五、六点。骰，读"tóu"，不读"gǔ"。又叫色子（shǎi zi）。

（15）掉色：颜色脱落（多指纺织品经日晒或水洗后）。色，读"shǎi"，不读"sè"。

（16）暴殄天物：暴，损害，糟蹋；殄，灭绝；天物，指自然生物。原指残害灭绝天生万物，后指任意糟蹋东西，不知爱惜。殄，读"tiǎn"，不读"zhēn"。

（17）靓妆：美丽的妆饰。靓，读"jìng"，不读"liàng"。

（18）引吭高歌：引，拉长；吭，嗓子，喉咙。放开嗓子大声歌唱。吭，读"háng"，不读"kàng"。

（19）胡同：巷；小街道。同，读"tòng"，不读"tóng"。

（20）拾级而上：逐级登阶。拾，读"shè"，不读"shí"。

（21）折本：赔本。折，读"shé"，不读"zhé"。

（22）胴体：躯干，特指牲畜屠宰后，除去头、尾、四肢、内脏等剩下的部分；指人的躯体。胴，读"dòng"，不读"tóng"。

（23）酗酒：没有节制地喝酒；喝酒后撒酒疯。酗，读"xù"，不读"xiōng"。

（24）气喘：呼吸困难的症状，表现为患者呼吸时很费力，由呼吸道平滑肌痉挛等引起。肺炎、心力衰竭、慢性支气管炎等病多有这种症状。喘，读"chuǎn"，不读"chuǎi"。

（25）臀部：四足动物后肢的上端和腰相连接的部位。臀，读为"tún"，不读"diàn"。

（26）龋齿：由于口腔不清洁，食物残渣在牙缝中发酵，产生酸类，破坏牙齿的釉质，形成的牙齿空洞，牙疼、齿龈肿胀等症状，俗称虫牙。龋，读"qǔ"，不读"yǔ"。

（27）分娩：生小孩儿；家畜生幼畜。娩，读"miǎn"，不读"wǎn"。

（28）不肖子孙：不肖，不像（不像先人）、不贤，指品德差，没出息，不能继承先辈事业的子孙或晚辈。肖，读"xiào"，不读"xiāo"。

（29）椎心泣血：椎心，捶胸脯；泣血，哭得眼中流血。捶拍胸膛，哭泣出血，形容非常悲痛。椎，读"chuí"，不读"zhuī"。

（30）创伤：身体受伤的地方；外伤。创，读"chuāng"，不读"chuàng"。

（31）蜷缩：蜷曲紧缩。蜷，读"quán"，不读"juàn"。

（32）咀嚼：用牙齿磨碎食物，比喻对事物反复体会。嚼，读"jué"，不读"jiáo"。

（33）肋骨：人或高等动物胸壁两侧的长条形的骨。人有十二对肋骨，形状扁而弯，后接脊柱，前连胸骨，有保护胸腔内脏的作用。肋，读"lèi"，不读"lè"。

（34）脖颈：颈项。颈，读"gěng"，不读"jǐng"。

（35）糗事：令人尴尬，避之唯恐不及的事情。糗，读"qiǔ"，不读"chòu"。

（36）汤匙：指餐具，舀汤的小勺。匙，读"chí"，不读"shi"。

（37）铁锹："tiě qiāo"，起砂、土的工具，用熟铁或钢打成片状，前一半略呈圆形而稍尖，后一半末端安有长的木把儿。锹，不读"qiū"。

（38）踉跄："liàng qiàng"，走路不稳。跄，不读"qiāng"。

（39）掐指：旧时占卜方法之一。以拇指点着其他指节占卜吉凶或推算干支，也指用拇指轻点其他指头计算。掐，读"qiā"，不读"kā"。

（40）瞥见：一眼看见。瞥，读"piē"，不读"biē"。

（41）自怨自艾：怨，怨恨，悔恨；艾，割草，比喻改正错误。原意是悔恨自己的错误，自己改正。现在只指悔恨自己的错误。艾，读"yì"，不读"ài"。

4．交往类（24个）

（1）流言蜚语：毫无根据的话。指背后散布的诽谤性的坏话。蜚，读"fēi"，不读"fěi"。

（2）没齿难忘：没齿，终身。一辈子也忘不了。没，读"mò"，不读"méi"。

（3）讪笑：讥笑。讪，读"shàn"，不读"shān"。

（4）戏谑：用有趣的引人发笑的话开玩笑。谑，读"xuè"，不读"nüè"。

（5）亲家：两家儿女相婚配的亲戚关系；儿子的丈人、丈母或女儿的公公、婆婆。亲，读"qìng"，不读"qīn"。

（6）铜臭：指铜钱、铜圆的臭味，用来讥讽唯利是图的人。臭，读"xiù"，不读"chòu"。

（7）恐吓：以要挟的话或手段威胁人。吓，读"hè"，不读"xià"。

（8）提防：小心防备。提，读"dī"，不读"tí"。

（9）叨光：客套话，沾光（受到好处，表示感谢）。叨，读"tāo"，不读"dāo"。

（10）揣度：估量；推测。揣，读"chuǎi"，不读"chuāi"度，读duó，不读dù。

（11）主角：指戏剧、电影等艺术表演中的主要角色或主要演员；比喻主要人物。角，读"jué"，不读"jiáo"。

（12）喝彩：大声叫好。喝，读"hè"，不读"hē"。

（13）鲜为人知：很少被人知道。鲜，少；为，被。鲜，读"xiǎn"，不读"xiān"。

（14）数见不鲜：数，屡次；鲜，新鲜。指常常见到，并不新奇。数，读"shuò"，不读"shù"。

（15）攻讦：揭发别人的隐私或攻击别人的短处。讦，读"jié"，不读"gān"。

（17）掮客：旧社会里替人介绍买卖，从中赚取佣金的人。掮，读"qián"，不读"jiān"。

（18）侪辈：同辈。侪，读"chái"，不读"jì"。

（19）腼腆："miǎn tiǎn"，害羞，不自然。腆，不读"diǎn"。

（20）刽子手：旧时执行死刑的人。比喻镇压革命、屠杀人民的人。刽，读"guì"，不读"kuài"。

（21）犒劳：用酒食慰劳。犒，读"kào"，不读"gǎo"。

（22）解送：押送（财物或犯人）。解，读为"jiè"，不读"jiě"。

（23）咋舌：形容吃惊、害怕，说不出话。咋，读为"zé"，不读"zhà"。

（24）狡黠："jiǎo xiá"，狡诈。黠，不读"jí"。

5. 其他类（13个）

（1）呼天抢地：抢地，触地。大声叫天，用头撞地。形容极度悲伤。抢，读"qiāng"，不读"qiǎng"。

（2）殷红：带黑的红色。殷，读"yān"，不读"yīn"。

（3）攒射：用箭或枪炮集中射击。攒，读"cuán"，不读"zàn"。

（4）湍急：水势急。湍，读"tuān"，不读"chuǎi"。

（5）戛然而止：戛，象声词。形容声音突然终止。戛，读"jiá"，不读"gā"。

（6）人影幢幢：形容影子摇晃。幢幢，读"chuáng

chuáng"，不读"zhuàng zhuàng"，也不读"tóng tóng"。

（7）泡桐：落叶乔木，叶子大，卵形或心脏形，表面光滑，背面有茸毛，圆锥花序，花冠紫色，结蒴果，长圆形。木材质地疏松，可制乐器、模型等。泡，读"pāo"，不读"pào"。

（8）沙汀：水边或水中的平沙地。汀，读"tīng"，不读"dīng"。

（9）倏忽："shū hū"，指很快地，忽而间。倏，不读"yōu"。

（10）啁啾："zhōu jiū"，象声词，形容鸟叫的声音。啾，不读"qiū"。

（11）荦荦："luò luò"，清楚、分明的样子。荦，不读"láo"。

（12）坍塌："tān tā"，（山坡、河岸、建筑物或堆积的东西）倒下来。坍，不读"dān"。

（13）不啻：不止，不只；不异于。啻，读"chì"，不读"dì"。

【实践与探究】

1. 举例说明古人的注音方法。

2. 熟读声母 n，声母 z、c、s，韵母 in、en 的偏旁类推口诀。

3. 熟悉本章第三节所列 151 个典型字的读音。

第六课　书法艺术

第一节　书法的功用

汉字在长期的演变过程中，融合了汉民族的文化精神。自有文字以来，书法便为教育上最重要的学科之一。古人重"六艺"，即礼乐射御书数。其中的"书"就是指书法。

一、书法可以加强德性修养

法就是楷模，就是标准。历史上著名的书法家创作的作品，成为书法的标杆。同时，他们的人品，也是后世学习的楷模。

"心正则笔直"，说的就是这个道理。写到一横，就有如平直的观念和锻炼；写到一竖，就有如竖直的观念和锻炼；写到一撇，就有丝毫不苟的观念和锻炼；写到一点、钩、折、剔，就有如切如磋、如琢如磨的观念和锻炼。长期练习，就能潜移默化地养成良习。

就临摹字帖而言，我国流传的碑帖及昔人墨迹，皆为贤哲、豪杰、忠臣孝子所书，我们在临摹中必然受到他们事迹的熏陶感染。字如其人，写刚毅凝重的字，为人自然趋向刚毅凝重；写潇洒豪纵的字，为人自然潇洒豪纵。书法修养的功效，从小处言可以正心诚意，从大处言可以继往开来。所以历史上有名的人物，莫不把书法当作有恒的功课，修身的爱好。

二、书法有利于训练科学素养

有优美的汉字，自然就有优美的书法。书法讲究结构和运笔，又充满了科学性。字体结构，与建筑学相通；面积解析，通于几何学。笔画的长短与字体的分配，必先精心着意，全视面积而定。精美精致，通于绘图学。汉字象形，写马字像马，写虫字像虫。汉字会意，写会意的字，一见便使人心领神会，回味无穷。

三、书法有利于强身健体

练习书法首先要有正确的姿势，如头部端正，两肩平齐，胸张背直，两足平放。这样能使人体肌肉保持舒适状态。

书法的执笔，要求指实、掌虚、腕平。虽然执笔用的是手指，但书写时还须运全身之气到五指而达笔端，才能"万毫齐力"。写大字时，必须提肘悬腕，更要调动腰背乃至发挥全身的力量。如今的榜书越写越大，不但立书且有双手抱笔的走书，力发乎腰，务使通身之力奔赴腕下。一幅大字写罢书者已是大汗淋漓，感觉书法的健身作用远胜一套太极。它自然能通畅全身气血，调整肌体各部分机能，锻炼四肢关节，促进新陈代谢，增强抵抗力，有效地防治疾病，延缓衰老过程。

四、书法有利于了解中国文化

传世的书法作品，往往与文学、历史紧密相连，比如《兰亭集序》《祭侄文稿》等。因此，可以说，文学是书法最核心的美学元素。

书法是中国文化的重要组成部分，不认识书法，就无法了解中华文化的博大精深，就很难了解自己的文化基因。而不了解自身文化，也就不会珍惜自己的过去，更难开展未来。侯吉谅在

《如何看懂书法》一书中提道，中国书法的发展已有几千年历史，关于书法的美学理论，早就形成一个庞大的书法体系，而且成为文化基因的重要组成。不了解书法，就和自己的文化绝缘。

教育部在 2011 年下发的《关于中小学开展书法教育的意见》中指出：汉字和以汉字为载体的中国书法是中华民族的文化瑰宝，是人类文明的宝贵财富。书法教育对培养学生的书写能力、审美能力和文化品质具有重要作用。2013 年，《教育部关于印发〈中小学书法教育指导纲要〉的通知》指出：学校要充分发挥本校优秀书法教师的专长，指导和引领学校全体教师提高书写水平，为整体提高学校书法教育教学水平创设条件。要充分发挥书法教育学术团体的作用。学校可以聘请书法家、书法教育工作者、有书法专长的家长等作为兼职指导教师。

教育部针对中小学生书写明显退化的现象提出了在中小学开展书法教育的意见。希望书法能够唤醒人们与文字的亲密回忆，能够让人重新接续光辉灿烂的文化传统。

第二节　书法欣赏

一、欣赏书法的三个层次

欣赏书法有三个层次：第一是获得粗略的视觉印象，很多人欣赏书法便只停留在这个层次；第二是辨认书写内容及书写技巧；第三是整体观看，观看什么呢？除了字体、风格，还有行距、字距、天地左右等格式，以及文字和书法的搭配等。

学习书法，应该充分地认识到：书法不只是视觉艺术，还有更为重要的传承文字的、文学的或文化的作用。比如书法往往跟文学紧密相连，现在流传下来的最好的书法作品也是文学作品，如《兰亭集序》《寒食帖》等。

二、书法的字体功能及美感

篆、隶、行、草、楷，五体各有其功能，这些功能决定了这五种字体的形象和用法。

小篆是秦朝宰相李斯为了秦始皇统一政令而创制的字体，垂直、水平、等距不但构成了小篆的基本特色，也成为汉字发展极为重要的特点，并且决定了汉字字体的美感原则。小篆字体庄重、大方、严肃，用于政令倡导，效果显著。后代的碑刻，往往在最显著的位置——碑额上用篆书来刻写标题，使其显得十分庄重，而其他字体并没有这个特点。

隶书本是走卒贩夫所用，是一种在日常生活中实际应用的字体，笔画随意，运笔快速。隶书有速度、节奏、粗细的变化，加上"蚕头雁尾"的笔法，其表现力相比篆书更强，同时也开启了后代的书法艺术。

行草是速写技术应用的产物。行草的出现与发展，意味着书法笔法从隶书的古朴变得更为自由和多变。而毛笔的使用，更加快了这一趋势。行草的线条自由流畅，变化多端，给予书写者更大的表现空间，因而字形结构更美。行草是上至帝王将相，下至走卒贩夫都使用的字体。草书在唐朝有了突破性的发展。由于书写快速，需要精熟的技法与专注的写作状态，因而草书书法往往可以表现出书写者的心理状态。草书应该是所有字体中要求最为严格的，因为一点一画都不能马虎，如转弯的角度、大小、弧度都不能超过规矩，否则就不能辨认。一方面，没有纯熟的书写技术写不出草书；另一方面，没有经过一定的训练，也没有办法判断作品的好坏。

字体发展到唐楷，其发展历程也就结束了。楷书字形、结构、笔顺的定位，以及字体的容易辨认性，使得这种字体更容易学习和普及。楷书也就成为后世初学书法的第一选择，楷书的美，也就成为大家认识书法工整、规律的美的开始。在普遍使用毛笔书写的时代，楷书的运用并不普遍，仅用于碑文、公告等（后由于书写工具的改变，如钢笔的使用，这一现象才有所改变）。楷书过分强调书法的方法，从而造成了书法与大众的隔阂。

三、书法字体与情感的关系

书法字体与情感表达是相关的。篆书有板着面孔一般的威严。隶书线条因为加上了流动和速度的感觉，也就有了古朴和随意的特点。行草让人觉得潇洒自在。楷书比较庄重谨慎，如魏碑（魏碑是隶书向楷书发展的过渡形式，多为碑刻，魏晋留存较多，故称魏碑）就有种古朴刚猛的味道。

学习书法，要注意文字的意思与书体的风格要搭配，而不是所有内容都用同样的字体。总的说来，书法字体的表情特色与应用大致如下表。

字体	表情特色	应用
楷书	谨慎、郑重	碑文纪念、公告
魏碑	古朴、刚猛	碑文纪念、公告
篆书	威严、庄重	文书、公告
隶书	古朴、随意	碑文纪念、公告
行书	潇洒、自在	速写、记事、生活应用
草书	豪放、畅快	速写、记事、生活应用

无论如何，从文字内容和字体风格的配搭去思考，我们可以发现，书法字体本身，的确有相当强的表情特色。

四、三大行书鉴赏示例

三大行书是指王羲之的《兰亭集序》（又称《兰亭序》）、颜真卿的《祭侄文稿》和苏东坡的《寒食帖》。值得注意的是，这三件作品都不是作者用来特别展示的"正式作品"，而是草稿：一为醉中书写，一为悲中书写，一为遣兴之作。也许正是如此，才能达到意随笔走、笔随意转，"我手写我心"的最高境界。

《兰亭集序》是酒后微醺写就的草稿。东晋永和九年（353），王羲之与诸多名士在会稽山阴的兰亭聚会，大家饮酒作诗，王羲之提笔作序，文章不长却经多次修改。王羲之酒醒后多次重写皆不及原稿。可见，酒后更能无拘无束地尽情挥洒，让书写更为灵动自由，使人身心释然，了无牵挂，笔锋落处，直见生命的真谛。魏晋时代的名士风流，都一点一滴地流泻在王羲之微醺的笔墨之中。

《祭侄文稿》是颜真卿为祭奠被叛军杀害的侄儿颜季明而书写的草稿。全稿以行楷写就，在哀笔急就之下，多见删改涂抹，斑斑墨痕尽显郁屈顿挫之情，家仇国恨流泻于字里行间。千年后读之、视之，犹感作者亲历家国巨变、亲人痛逝之痛。

《寒食帖》是苏东坡抄诗留下的草稿。苏东坡谪居黄州，乳母王氏卒，自己待罪边陲，连生活也得不到保障。其心中苦楚，不言而喻。《寒食帖》以一时的书写凝固了当年苏东坡的生命境界，显示了书法神奇的魔力。所有在《寒食诗》中想要表达的心情，都在每一笔、每一划中说到说尽了，所以难怪书法超绝、笔势惊人的黄庭坚在苏东坡"我书意造本无法"的点画中由衷折服，只得承认无论自己的字如何改动，在《寒食帖》面前也只能"无佛处称尊"。

1. 王羲之《兰亭集序》

（1）书圣与神品。

王羲之擅长书法，被称为书圣。其作品《兰亭集序》最为煊赫，誉为神品。据传唐太宗李世民酷爱其书法，认为《兰亭集序》是"尽善尽美"之作，死后将它一同葬入陵墓。尽管人们对现传《兰亭集序》的真伪曾有过大争论，但都一致认可它的艺术价值。

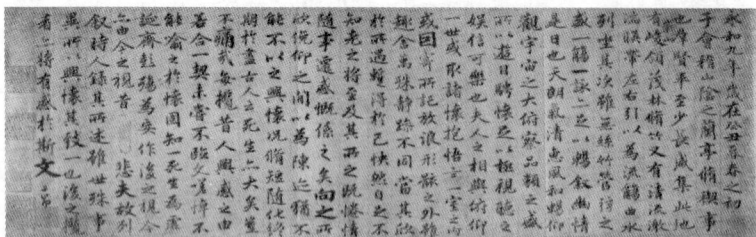

王羲之《兰亭集序》

《兰亭集序》书法，符合传统书法最基本审美观中的文而不华、质而不野、不激不厉、温文尔雅等特质。其笔法刚柔相济、线条变化灵活，点画凝练，书体以散求正，具有敧侧、揖让、对比的间架美感，是"中和之美"书风的楷模。欣赏《兰亭集序》，会获得一种非凡的艺术享受。

（2）书法评析。

兰亭修禊，使王羲之触悟山水之美、宇宙之玄和人生真谛。在物我两忘的境界中，一气呵成，挥笔写下千古杰作《兰亭集序》。

《兰亭集序》文字灿烂，字字珠玑，是一篇脍炙人口的优美散文，它打破成规，自辟径蹊，不落窠臼，隽妙雅逸，不论绘景抒情，还是评史述志，都令人耳目一新。

《兰亭集序》更大的成就在于它的书法艺术。通篇淡和空灵、潇洒自然；用笔遒媚飘逸；手法既平和又奇崛，既有精心安排艺术匠心，又没有做作雕琢的痕迹，浑然天成。

《兰亭集序》遒劲的用笔美，流贯于每一字之间。《兰亭集序》共324字，每一字都被王羲之赋予一个生命的形象，有筋骨血肉完足的丰躯和各自的秉性、精神、风仪。王羲之智慧富足，不仅表现在异字异构，更突出地表现在重字的别构上。序中共有

20多个"之"字，却无一雷同，独具风韵。重字尚有"事""为""以""所""欣""仰""其""畅""不""今""揽""怀""兴""后"等，也都别出心裁，自成妙构。

《兰亭集序》是一座微缩于尺幅之中的辉煌的书艺殿堂。唐太宗赞叹它"点曳之工，裁成之妙"。

（3）原文及译文。

原文：

永和九年，岁在癸丑，暮春之初，会于会稽山阴之兰亭，修禊事也。群贤毕至，少长咸集。此地有崇山峻岭，茂林修竹；又有清流激湍，映带左右，引以为流觞曲水，列坐其次。虽无丝竹管弦之盛，一觞一咏，亦足以畅叙幽情。是日也，天朗气清，惠风和畅，仰观宇宙之大，俯察品类之盛，所以游目骋怀，足以极视听之娱，信可乐也。

夫人之相与，俯仰一世，或取诸怀抱，悟言一室之内；或因寄所托，放浪形骸之外。虽趣舍万殊，静躁不同，当其欣于所遇，暂得于己，快然自足，曾不知老之将至。及其所之既倦，情随事迁，感慨系之矣。向之所欣，俯仰之间，已为陈迹，犹不能不以之兴怀。况修短随化，终期于尽。古人云："死生亦大矣。"岂不痛哉！

每览昔人兴感之由，若合一契，未尝不临文嗟悼，不能喻之于怀。固知一死生为虚诞，齐彭殇为妄作。后之视今，亦犹今之视昔。悲夫！故列叙时人，录其所述，虽世殊事异，所以兴怀，其致一也。后之览者，亦将有感于斯文。

译文：

晋穆帝永和九年（353），这是癸丑年。暮春三月初，我们在会稽郡山阴县的兰亭聚会，进行修禊活动。众多的贤能之士都来参加，年少的年长的都聚集在一起。这地方有高山峻岭、茂密的树林和挺拔的翠竹，又有清澈的溪水、急泻的湍流，波光辉映，萦绕在亭子左右。把水引来作为漂流酒杯的弯曲水道，大家列坐在水边，虽然没有音乐伴奏而稍感冷清，可是一面饮酒一面赋诗，也足以酣畅地抒发内心的感情。这天天气晴朗，空气清新，和风拂拂，温暖舒畅。抬头仰望宇宙空间之广大，低头俯察万物种类之繁多，因而放眼纵览，舒展胸怀，也足以尽情享受所见所闻的乐趣，确实是很快活的啊！

人们互相交往，转瞬间度过一生。有的人襟怀坦荡，在家里与朋友倾心交谈；有的人把情趣寄托在某些事物上，不受世俗礼法拘束而纵情游乐。虽然人们对生活的取舍千差万别，性情也有沉静和急躁的差异，但当他们遇到欢欣的事情，心里感到暂时的得志，就喜悦满足，竟没想到人生衰老的暮年很快就会来临。等到他们对生平所追求的事物已经厌倦，心情也随之而变，于是感慨就跟着发生了。从前所感到欢欣的，顷刻之间已成为往事，对这些尚且不能不深有感触。更何况人的寿命长短，随着各种原因而有变化，但终有穷尽的一天。古人说："死生也是人生一件大事啊！"这岂不很可悲哀吗！

我每次看到前人兴怀感慨的原因，与我所感叹的总像符契一样相合，没有一次不对着这些文章而叹息悲伤的，心里却不知道这是为什么。我一向认为把死和生当作一回事是错误的，把长寿和短命等量齐观也是荒谬的。后世人看现代人，正如现代人看古代人一样，可悲啊！因此我一一记下这次兰亭集会者的名字，抄录下他们吟咏的诗篇。即使时代会不同，世事会变化，但人们抒发情怀的原因，其基本点是一致的。因此，后世的读者，也将对这些诗文产生一番感慨吧！

2. 颜真卿《祭侄文稿》

(1) 书写背景。

《祭侄文稿》一直以来为人们所称颂，该文稿饱含了真卿公对亲人骨肉的无限哀思和悲痛之情，真切地表现了颜真卿有血有肉的男儿形象。在平定安史之乱中，颜真卿一家英勇杀敌，立下了不朽的战功。常山一战，安禄山以重兵围困，奸臣王承业按兵不动，并篡改颜杲卿的奏章，欲想攫取战功。颜杲卿与其三子季明终因寡不敌众而被叛军所俘。在敌人的屠刀面前，二位先公，毫不畏惧，宁死不屈，英勇就义。颜家三十多人一同遇害。

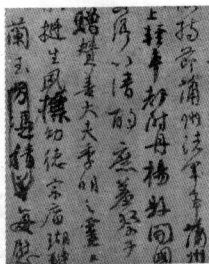

颜真卿《祭侄文稿》

唐肃宗乾元元年（758），颜真卿派侄子泉明到河北寻访颜杲卿一家流落人员，带回季明遗骨。当时颜真卿手捧遗骨，思亲之痛伴着国恨家仇，一齐涌上心头，他不禁肝胆俱裂，老泪纵横，悲愤难抑，写下了著名篇章《祭侄文稿》，为后人留下了独特而完美的艺术珍品。颜真卿写此祭文完全是情之所至，无意于书。全文268字，行草相杂，几经涂改处，如闻泣不成声，似觉肝肠欲断，足以让人体会其起伏跌宕的悲愤心情。由于怒之、哀之，笔墨自然"气粗而字险"，气郁而自敛，有大义凛然的铮铮风骨，不禁使人心生敬意。

此帖原系祭文草稿，颜真卿本无意作书，但正因无意作书，不工而极工。整幅字写得气势凝重而又神采飞动，笔势圆润雄奇，姿态横生，纯以神写，得自然之妙。《祭侄文稿》辉耀千古的价值就在于其以真挚情感主运笔墨，不计工拙，无拘无束，纵笔豪放，一气呵成，血泪与笔墨交融，激情共浩气喷薄。书艺的长期积累与书家的忠烈个性以及心头郁结的悲痛全部通过笔墨挥洒出来。故此作虽是草稿，用笔迅疾，但笔笔有来历，矩度不失，侧锋、中锋、铺毫、提转等技法的运用自然入神，还将篆隶笔法运用其中；折叉、屋漏、印泥、画沙兼而有之；结字雄强茂密，宽博舒展；章法变化自然，节奏感强，墨色变化多端时见涩笔，字里行间充溢着悲愤与伤痛，升腾着正义忠烈的浩浩英气，体现了作者书法上的深厚修养和精湛技法。《祭侄文稿》卷面并不清爽，字迹匆促，涂抹删补之处时时可见。纵观全篇，悲愤慷慨之气溢于笔端，满纸都是对叛贼的仇恨，对亲人的痛悼。颜真卿完全是情之所至：开篇书写时，心气尚显平静，写得大小匀称，浓纤得体。随着言词的深入，行草书渐趋相杂，至"贼臣不救，孤城围逼，父陷子死，巢倾卵覆"时再也抑制不住满腔悲愤，于是火山迸发，狂涛倾泻，字形时大时小，行距忽宽忽窄，用墨或燥或润，笔锋有藏有露；至"呜呼哀哉"，节奏达到高潮，随情挥洒，任笔涂抹，苍凉悲壮，跃然纸上。起首的凝重，篇末的忘情，无不是书者心绪的自然流露，真可谓以文哭、以墨哭，血泪滴于笔、浩气充于文。

（2）书法风格。

《祭侄文稿》的书法风格主要体现在以下三个方面：

第一，圆转遒劲的篆籀笔法。此稿以圆笔中锋为主，藏锋出之。纯用中锋行笔，一改中侧并用的传统用笔方法。同时改"贵瘦硬"（杜甫语）为尚肥壮，将笔画改灵巧为刚劲，使这篇书法作品与其表现的英雄精神更趋统一。此稿厚重处浑朴苍穆，如黄钟大吕；细劲处筋骨凝练，如金风秋鹰；转折处，或化繁为简、遒丽自然，或杀笔狠重，戛然而止；连绵处，笔圆意赅，痛快淋漓，似大河直下，一泻千里。总而言之，《祭侄文稿》是颜真卿不泥古，不循今，大胆创新，终成大家的典范之作。

第二，开张自然的结体章法。此稿一反"二王"茂密瘦长、秀逸妩媚的风格，而变为宽绰、自然疏朗的结体，点画外拓，弧形相向，顾盼呼应，形散而神敛。字间行气，随情而变，不计工拙，无意尤佳，圈点涂改随处可见。在不衫不履的挥写中，生动多变，可以强烈地感受到刚烈耿直的感情起伏。行笔忽慢忽快，时疾时徐，欲行复止。字与字上牵下连，似断还连，或萦带娴熟，或断笔狠重，或细筋盘行，或铺毫直下，可谓跌宕多姿，奇趣横生。集结处不拥挤，疏朗处不空乏，可谓疏可走马，密不透风，深得"计白当黑"之意趣。行与行之间，则左冲右突，欹正相生，或纽结粘连，或戛然而断，一任真性挥洒。尤为精彩的是末尾几行，由行变草，迅疾奔放，一泻而下，大有江河决堤的磅礴气势。至十八行"呜呼哀哉"，前三字连绵而出，昭示悲痛之情已达极点。从第十九行至篇末，仿佛再度掀起风暴，其愤难抑，其情难诉。写到"首榇"两字时，前后左右写了又改，改了又写，仿佛置身于情感旋风之中。长歌当哭，泣血哀恸，一直至末行"呜呼哀哉尚飨"，令人触目惊心，撼魂震魄。

第三，渴涩生动的墨法。此稿渴笔较多，且墨色浓重而枯涩，这与颜真卿书写时所使用的工具，即短而秃的硬毫或兼毫笔、浓墨、麻纸有关。这一墨法的艺术效果与颜真卿当时撕心裂肺的悲恸情感恰好达到了高度的和谐一致。而此帖真迹中，所有的渴笔和牵带的地方都历历可见，能让人看出行笔的过程和笔锋变换之妙，对于学习行草书有很大的帮助。这件作品原不是作为书法作品来写的，由于心情极度悲愤，情绪已难以平静，错舛之处增多，时有涂抹，但正因为如此，此幅字写得凝重峻涩而又神采飞动，笔势圆润雄奇，姿态横生，纯以神写，得自然之妙。通篇波澜起伏，时而沉郁痛楚，声泪俱下；时而低回掩抑，痛彻心肝，堪称动人心魄的悲愤之作。元代张敬晏题跋云："以为告不如书简，书简不如起草。盖以告是官作，虽楷端，终为绳约；书简出于一时之意兴，则颇能放纵矣；而起草又出于无心，是其手心两忘，真妙见于此也。"元鲜于枢在《书跋》中称："唐太师鲁公颜真卿书《祭侄季明文稿》，天下行书第二。"此评为历代书家公认。

（以上评析摘自网络，有改动）

（3）原文、注释及翻译。

原文：

维乾元元年、岁次戊戌、九月庚午朔、三日壬申①。第十三（"从父"涂去）叔银青光禄（脱"大"字）夫使持节蒲州诸军事、蒲州刺史、上轻车都尉、丹杨县开国侯真卿②。以清酌庶羞祭于亡侄赠赞善大夫季明之灵□③：

惟尔挺生，凤标幼德。宗庙瑚琏，阶庭兰玉（"方凭积善"涂去），每慰人心④。方期戩谷，何图逆贼间衅，称兵犯顺。尔父竭诚（"制"涂去，改"被迫"再涂去），常山作郡。余时受命，亦在平原⑤。仁兄爱我（"恐"涂去），俾尔传言。尔既归止，爰开土门。土门既开，凶威大蹙（"贼臣拥众不救"涂去）。贼臣不（"拥"涂去）救，孤城围逼⑥。父（"擒"涂去）陷子死，巢倾卵覆。天不悔祸，谁为荼毒？念尔遘残，百身何赎⑦？呜乎哀哉！

吾承天泽，移牧（"河东近"涂去）河关。泉明（"尔之"涂去）比者，再陷常山（"提"涂去）。携尔首榇，及兹同还⑧（"亦自常山"涂去）。抚念摧切，震悼心颜。方俟远日（涂去二字不辨），及（再涂去一字不可辨）尔幽宅（"抚"涂去）。魂而有知，无嗟久客。

呜呼哀哉尚飨⑨！

注释：

①维乾元元年……三日壬申："乾元"，为唐肃宗李亨年号。"乾元元年"，即758年。"庚午朔"，那个月的朔日是庚午日。"三日壬申"，那个月的初三日是壬申日。祭祀就发生在九月初三日。

②第十三叔……丹杨县开国侯真卿："第十三叔"，颜真卿在从兄弟十五人中排行第十三。"银青光禄夫"缺"大"字，应为银青光禄大夫。"蒲州"，地名。"丹杨县"，地名。742年（唐天

宝元年）丹杨郡移置润州（今镇江），同时改曲阿县为丹杨（阳）县。

③以清酌庶羞……季明之灵□："庶"，各种；"羞"，通馐，食物。"庶羞"，指各种食物。"季明之灵□"的"□"表示字已不识。一释作"曰"字，一释作"今"字。

④惟尔挺生……方期戬谷："挺生"，挺拔生长，亦谓杰出。"阶庭兰玉"，喻能使门楣光辉、有出息的子弟。"夙标幼德"的"幼"字，一释作"劭"字，劭，高尚美好之意。

⑤何图逆贼闲衅……亦在平原："闲衅"，"闲"同"间"，亦作"间衅"。伺隙；乘隙。"常山"即常山郡（治所在今河北正定县）；"平原"即今山东德州陵县。

⑥仁兄爱我……孤城围逼："归止"，止，助词。《诗·齐风·南山》："既曰归止，曷又怀止。""爱开土门"：爱，乃，于是。土门，今河北井陉，唐时为战略要地。"蹙"，紧迫。

⑦父陷子死……百身何赎："遘"，遭遇。

⑧呜呼哀哉……及兹同还："河关"，河，黄河；关，指蒲津关。二者合称，指蒲州。颜真卿时任蒲州刺史。"比"，亲近。"榇"，棺也。"首榇"指盛装季明首级的棺木。"及兹同还"的"兹"字，一释作"竝"字，即"并"。

⑨抚念摧切……尚飨："抚念摧切"，抚念，悼念；摧切，伤痛摧心深切。

译文：

时在唐肃宗乾元元年（758），农历是戊戌年。农历九月的朔日是为庚午日，初三日壬申，（颜季明的）第十三叔、佩带银印章和青绶带的光禄大夫，加使持节、蒲州诸军事之蒲州刺史，授勋上轻车都尉和晋爵为丹阳县开国候的颜真卿。现今用清酒和多种美食来祭扫赞善大夫颜季明侄儿的亡灵。词曰：

唯有你（季明）生下来就很出众，平素已表现出少年人少有的德行。你好像我宗庙中的重器，又好像生长于我们庭院中的香草和仙树，常使我们感到十分欣慰。正期望（季明）能够得到幸福和做个好官，谁想到逆贼（安禄山）乘机挑衅、起兵造反。你的父亲（颜杲卿）竭诚尽力，在常山担任太守。我（颜真卿）那时接受朝廷任命，也在平原都担任太守之职。仁兄（杲卿）出于对我的爱护，让你给我传话（即担任联络）。你既已回到常山，于是土门被夺回。土门打开以后，凶逆（安禄山）的威风大受挫折。贼臣（王承业）拥兵不救，致使（常山）孤城被围攻陷，父亲（颜杲卿）和儿子（颜季明以及家族人等）先后被杀。好像一个鸟巢被从树上打落，鸟卵自然也都会摔碎，哪里还会有完卵存在！天啊！面对这样的惨祸，难道你不感到悔恨？是谁制造了这场灾难？念及你（季明）遭遇这样的残害（被杀后只留头部，身体遗失），就是一百个躯体哪能赎回你的真身？呜呼哀哉！

我承受皇上的恩泽，派往河关（蒲州）为牧。亲人泉明，再至常山，带着盛装你首级的棺木，一同回来。抚恤、思念之情摧绝切迫，巨大的悲痛使心灵震颤，容颜变色。请等待一个遥远的日子，选择一块好的墓地。你的灵魂如果有知的话，请不要埋怨在这里长久作客。呜呼哀哉！

请享用这些祭品吧！

3. 苏轼《寒食帖》

（1）《寒食帖》是苏轼行书的代表作。

这是一首遣兴的诗作，是苏轼在被贬黄州第三年的寒食节所发的人生之叹。此诗苍凉多情，表达了苏轼惆怅孤独的心情。此诗的书法也正是在这种心境下有感而出的。通篇书法起伏跌宕，光彩照人，气势奔放，而无荒率之笔。《寒食帖》在书法史上影响很大，被称为"天下第三行书"（有人认为第二行书是颜真卿的《祭侄文稿》），也是苏轼书法作品中的上乘。

诗稿诞生后，几经周转，传到了河南永安县令张浩手中。由于张浩与"苏门四学士"之一的黄庭坚相识，元符三年（1100）七月，张浩携诗稿到四川眉州青神县谒见黄庭坚。黄庭坚一见诗稿，十分倾倒，又思及当时远谪海南的师友，激动之情难以自禁，于是欣然命笔，题跋于诗稿曰："东坡此诗似李太白，犹恐太白有未到处。此书兼颜鲁公、杨少师、李西台笔意，试使东坡复为之，未必及此。它日东坡或见此书，应笑我于无佛处称尊也。"黄庭坚论语精当，书法妙绝，气酣而笔健，让人叹为观止，与苏诗苏字并列可谓珠联璧合。

（2）《寒食帖》书法鉴赏。

历代鉴赏家均对《寒食帖》推崇备至，称道这是一篇旷世神品。南宋初年，张浩的侄孙张演在诗稿后另纸题跋中说："老仙（指苏轼）文笔高妙，灿若霄汉、云霞之丽，山谷（指黄庭坚）又发扬蹈厉之，可谓绝代之珍矣。"清代将《寒食帖》收回内府，并列入《三希堂帖》。清乾隆十三年（1748）四月初八日，乾隆帝亲自题跋于帖后，为彰往事，又特书"雪堂余韵"四字于卷首。

《寒食帖》彰显动势，通篇起伏跌宕，迅疾而稳健，痛快淋漓，一气呵成。苏轼将诗句中心境情感的变化，寓于点画线条的变化中，或正锋，或侧锋，转换多变，顺手断联，浑然天成。其结字亦奇，或大或小，或疏或密，有轻有重，有宽有窄，参差错落，恣肆奇崛，变化万千。

因为有诸家的称赏赞誉，世人遂将《寒食帖》与东晋王羲之的《兰亭集序》、唐代颜真卿的《祭侄文稿》合称为"天下三大行书"，或单称《寒食帖》为"天下第三行书"。还有人将"天下三大行书"作对比，认为《兰亭集序》是雅士超人的风格，《祭侄文稿》是至哲贤达的风格，《寒食帖》是学士才子的风格。它们先后媲美，各领风骚，可以称得上是中国书法史上行书的三块里程碑。

（3）释文及译文。

释文：

一曰："自我来黄州，已过三寒食，年年欲惜春，春去不容惜。今年又苦雨，两月秋萧瑟。卧闻海棠花，泥污燕脂雪。暗中偷负去，夜半真有力。何殊病少年，病起头已白。"

二曰："春江欲入户，雨势来不已。小屋如渔舟，蒙蒙水云里。空庖煮寒菜，破灶烧湿苇。那知是寒食，但见乌衔纸。君门深九重，坟墓在万里。也拟哭途穷，死灰吹不起。"

译文：

自从我来到黄州，已经度过三次寒食节了。每年都惋惜着春天残落，却无奈春光的离去并不需要人的悼惜。今年的春雨绵绵不绝，接连两个月如同秋天萧瑟的春寒，天气令人郁闷。在愁卧中听说海棠花谢了，雨后凋落的花瓣在污泥上显得残红狼藉。美丽的花经过雨水摧残凋谢，就像是被有力者在半夜背负而去，叫人无计可施。这和患病的少年，病后起来头发已经衰白又有何异呢？

春天江水高涨将要浸入门内，雨势袭来没有停止的迹象。小屋子像一叶渔舟，漂流在苍茫烟水中。厨房里空荡荡的，只好煮些蔬菜，在破灶里用湿芦苇烧着。本来不知道今天是什么时候，看见乌鸦衔着纸钱，才想到今天是寒食节。想回去报效朝廷，无奈国君门深九重，可望而不可即；想回故乡，但是祖坟却远隔万里。本来也想学阮籍作途穷之哭，但心却如死灰不能复燃。

阅读链接一：

《兰亭序》宛如绝世美人
—— 方文山《兰亭序》歌词鉴赏

《兰亭序》歌词为台湾著名歌词作家方文山创作。在听周杰伦演唱的同时，我们可鉴赏一下《兰亭序》的歌词，分析其如何表现《兰亭序》的书法艺术美。

原词为：

兰亭临帖行书如行云流水，月下门推心细如你脚步碎，忙不
迭千年碑易拓却难拓你的美，真迹绝真心能给谁。牧笛横吹黄酒
小菜又几碟，夕阳余晖如你的羞怯似醉，摹本易写而墨香不退，
与你共留余味，一行朱砂到底圈了谁。无关风月我题序等你回，
悬笔一绝那岸边浪千叠，情字何解怎落笔都不对，而我独缺你一
生的了解。

弹指岁月倾城顷刻间湮灭，青石板街回眸一笑你婉约，恨了
没你摇头轻叹，谁让你蹙着眉，而深闺徒留胭脂味。人雁南飞转
身一瞥你噙泪，掬一把月手揽回忆怎么睡，又怎么会心事密缝绣
花鞋，针针怨对，若花怨蝶你会怨着谁。无关风月我题序等你
回，悬笔一绝那岸边浪千叠，情字何解怎落笔都不对，而我独缺
你一生的了解；无关风月我题序等你回，手书无愧无惧人间是
非，雨打蕉叶又潇潇了几夜，我等春雷来提醒你爱谁。

歌词诗意朦胧，意境深邃。很多人可能喜欢唱，但也许不解
其意。歌词表达的是什么确实难以回答。究竟要表达什么，也许
只有方文山自己才能说清楚。不过，文学作品往往存在"形象大
于思维"的问题，既然歌词面世传唱，就应允许有不同的解读。
笔者根据多年阅读古典文学的常识和感受，试着对原歌词做了一
番推演，希望可以帮助大家进一步理解歌词。

兰亭序宛如我心中的一位绝世的美人。我临写行云流水般的
兰亭序，我一笔一画细心地摹写，仿佛看见心中的美人迈着细碎
的脚步踏着月色推门而来。我急急忙忙地摹写，发现摹本易写却
怎么也摹写不出它的美。啊，兰亭序，你的真迹已绝，你到底属
于谁？啊，我绝美的佳人，你的身影不在，你到底爱着谁？

摹写兰亭序，我想起了你——绝美的佳人。记得曾经和你相
处的日子，我横吹牧笛摆好小菜招待你，你酒后羞怯的容颜如绯

红的夕阳余晖让我陶醉。临帖摹写是容易的,留下的墨香却不容易退去;和你相处,日子不多,留下的回忆多么可贵;啊,看着那摹本上一圈圈的朱砂,真不知是你圈住了我还是我圈住了你?

我临写兰亭序,犹如写了一封无关风月——实为风月情浓的书信,等你回答到底爱着谁?我用悬笔写完,心如大江,卷起浪花千叠。哎,情字太难理解,怎样落笔都不对,只因为我太缺乏对你的了解。

弹指之间,岁月流逝,你倾城倾国的容颜已经湮灭。但我难以忘记你在青石板上回眸的妩媚,婉约的倩影令我陶醉。我轻声问你,心中是否留有怨恨,你摇头否认,只留下一声叹息!哎,是谁让你满脸愁绪成天蹙眉?如今,你住过的深闺已物是人非,只留下你浓浓的胭脂味。

我走了,像大雁南飞一样离去。记得临行时,我转身一瞥,看到你眼角噙泪。想着我这一去啊,漫漫旅途,只有经常在如水的月色中,摊开临写的兰亭序,辗转反侧,难以入睡。想着留下的你啊,一定是夜夜精心缝制绣花鞋,同时也将心事密密深藏。哎,那绣花鞋尚且针针怨对,你犹如鲜花怨着蝴蝶,你的心中到底怨着谁?

我临写兰亭序,犹如写了一封无关风月——实为风月情浓的书信,等你回答到底爱着谁。我用悬笔写完,心如大江,卷起浪花千叠。哎,情字太难理解,怎样落笔都不对,是因为我太缺乏对你的了解。

我临写兰亭序,犹如写了一封无关风月——实为风月情浓的书信,等你回答到底把真心给了谁。我把爱深深融进我临写的书信——兰亭序里,再也不怕人间的是与非。窗外的夜雨拍打着蕉叶,在满满的夜雨中我又度过了无数的黑夜。啊,我只有耐心地等待,等待着一声春雷炸响,来告诉我——你到底爱着谁。

歌词之妙,妙在将绝世书法与绝世美人两个意象重叠,将仰慕书法神品与追慕绝世美人的情感高度融合；不理解这点，肯定读不懂歌词。

歌词句句写《兰亭序》，句句写现代情。"行云流水""真迹绝""千年碑拓""墨香不退""一行朱砂""悬笔一绝"，这些句子都紧扣《兰亭序》书法作品，勾勒出一个个临摹《兰亭序》时的情景。细细品味，我们又感觉到句句都是在表达现代情感：一个多情男子追求一个绝世美女。但女子宛如仙女，若即若离；情意朦胧，捉摸不定，令人感伤不已。多情男子似乎在倾诉：我小心翼翼地写信，等你回答是否爱我。写完信后，心潮澎湃，思绪万千。但情字难解，真不知怎样表达情感，怎样落笔都不对，是因为太缺乏对女子的了解。男子满腔愁绪，辗转反侧，难以入睡。只有耐心等待，等待女子的消息，回答他她到底爱着谁。

全词融合古诗的意境与现代的情感，天衣无缝，令人拍案叫绝。欣赏《兰亭序》的歌词时，不妨与大陆著名词作家陈小奇的《涛声依旧》歌词作比较阅读。

《涛声依旧》歌词：

带走一盏渔火，让它温暖我的双眼；留下一段真情，让它停泊在枫桥边；无助的我，已经疏远了那份情感，许多年以后才发觉，又回到你面前。

流连的钟声，还在敲打我的无眠；尘封的日子，始终不会是一片云烟；久违的你，一定保存着那张笑脸，许多年以后能不能，接受彼此的改变？

月落乌啼总是千年的风霜，涛声依旧不见当初的夜晚，今天的你我，怎样重复昨天的故事？这一张旧船票，能否登上你的客船？

这首歌曲，经著名歌星毛宁演唱后，风靡一时。它为何受到无数人的喜爱，久唱不衰？原因在于它借用了唐代落第诗人张继《枫桥夜泊》的诗意，传达了现代人既浪漫又感伤的情感。在现代社会，人们步履匆匆，常常与很多美好的东西包括爱情擦肩而过，事后感伤不已。所以，歌词仿佛在说："过去我们在枫桥边相识相恋，后又因种种原因天各一方。一次美丽的邂逅，勾起了我无限怀恋，你还是那样笑靥如花，我已是满脸沧桑。月落乌啼，风霜依旧；江水奔流，涛声依旧，可当初的情怀是否依旧？我怀着忐忑的心情，不禁低声暗问：我们是否能够再续前缘？"

两首歌均借著名艺术作品抒情：歌曲《兰亭序》是借名垂千古的《兰亭集序》作为情感抒发的媒介，《涛声依旧》是借唐代落第诗人张继的《枫桥夜泊》作为抒情的由头。前者是借临摹《兰亭序》，表达了对一位美女的眷恋和不舍；后者是借落第诗人的惆怅，表达了与美女重续前缘的渴盼。《兰亭序》虽魅力无穷，但真迹不在，令人遗憾；枫桥夜泊，虽渔火点点，但科举不第，愁情满怀。歌曲《兰亭序》那种对美的事物可望不可即的伤感，歌曲《涛声依旧》那种对美的事物得而复失的愁情，与现代人生活中对理想的追索与失落之感高度契合，于是引起强烈共鸣。

（张琪）

阅读链接二：

清明品帖：《寒食帖》里的东坡情怀

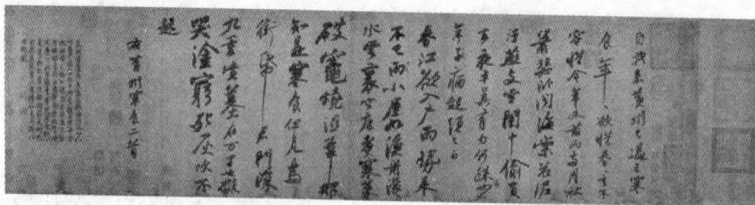

历史上，寒食节与清明节有着极大关联。先说说寒食节是怎么回事。史籍记载，春秋时期，晋文公重耳因"骊姬之乱"被迫流亡在外十九年，其臣子介子推始终追随左右、不离不弃。在晋文公穷困之际，介子推割了一块腿上的肉与野菜同煮成汤后给他。晋文公归国后终成一代明君，可介子推携老母隐居于绵山，不愿夸功争宠。为逼介子推出山露面，晋文公放火焚山，介子推最终与母亲一同被火焚于柳树之下。晋文公感其忠臣之志，将其葬于绵山，并下令在介子推死难之日禁火寒食。这便是"寒食节"的由来。

在介子推死后的第二年，晋文公率群臣前往绵山祭奠，却看到老柳树死而复活，便赐老柳树为"清明柳"，并晓谕天下，把寒食节的后一天定为清明节。

关于清明节，我们会想到历史上很多名人留下的经典文学作品，这方面例子很多。其中，被称为"天下三大行书"之一的苏轼的《寒食帖》，既生动展示了寒食节与清明节的紧密关系，也揭示了这位北宋文学家在被贬黄州第三年寒食节中的独特心境和人生况味。

"自我来黄州，已过三寒食，年年欲惜春，春去不容惜。"从《寒食帖》中，人们可以窥得"千古文豪"苏轼背井离乡的苍凉苦楚，以及贬谪黄州的抑郁不得志。那么苏轼笔下的清明，究竟是怎样一番愁苦滋味？黄州又是怎样成为他人生转折点的呢？

乌台诗案，苏轼被贬黄州

1101年，被贬异地多年的苏东坡遇赦北归，花甲之年的他明白生命即将走到尽头，提笔写下《自题金山画像》，"问汝平生功业，黄州惠州儋州"。苏东坡写完此诗不过两月，便乘鹤西去，与世长辞。

黄州，是苏轼被贬之路的起点，也是他人生道路中的转折点。而这一切的开始，都源于一场新旧派之间的政治斗争——乌台诗案。"东坡何罪？独以名太高。"作为苏轼的弟弟，苏辙道出了出当时苏轼成为众矢之的最主要原因。

乌台诗案发生于元丰二年（1079），宋神宗赵顼即位不久后推行改革，颁布新法，想要改变宋朝积贫积弱的困境。以王安石为代表的革新派，与以司马光为代表的守旧派在朝野中明里暗里交锋不断。作为守旧派的拥护者，苏东坡曾多次上书宋神宗，明确表达自己对变法的反对态度。结果却是43岁的苏轼由徐州贬调到湖州。临行前，他例行公事作《湖州谢上表》，在略叙自己为官毫无政绩可言，又感皇恩浩荡后，还不免夹上几句牢骚话。该文本无他意，却不想被革新派人士曲意歪解，为苏轼扣上"愚弄朝廷，妄自尊大"的罪名。监察御史舒亶、御史中丞李定等人更是从苏轼的诗文中寻找只言片语来断章取义，列出苏轼四大可废之罪，请求将苏轼处以极刑。

七月二十八日，在湖州上任才三个月的苏轼被御史台的吏卒逮捕，解往京师。途经扬州江面和太湖时，苏东坡一度想跳水自杀。到京后，苏轼被关押在御史台院内，因官署内遍植柏树，柏树上常有乌鸦栖息筑巢，乃称乌台，这便是"乌台诗案"的由来。

在这里，一代文豪苏轼熬过了103天，每天都生活在生死的担忧之中。苏轼自以为逃不过生死之劫，因此便写下"与君世世为兄弟，再结来生未了因"，与弟弟苏辙诀别。

十二月二十九日，宋神宗下发圣谕，将苏轼下贬黄州，充任团练副使，并规定其不准擅离该地，且无"签单权"（签署公文的权力）。至此，轰动一时的"乌台诗案"结束，这一被称为北宋时期最大的"文字狱"终于落幕。苏轼历经大起大落捡回一条命，前往黄州开始了他人生的新篇章。

黄州三载，潦倒书写《寒食贴》

乌台诗案后，苏轼被下令"本州安置"，这就意味着他没有任何参与公事的权利。对于一个满怀政治抱负的人而言，这与流放并无太大区别。《寒食帖》写于苏轼去黄州的第三年，不难想象苏轼当时的困窘：谪居黄州，生活潦倒，失意苦闷。

　　细品《寒食帖》可以说是字字扎心，句句泣泪。无论是"今年又苦雨，两月秋萧瑟"，还是"何殊病少年，病起头已白"，字里行间满满都是苦楚与悲情，令人不忍卒读。

　　除此之外，在黄州居住的第一年，苏轼曾在《江城子·黄昏犹是雨纤纤》中这样描写自己："孤坐冻吟谁伴我，揩病目，捻衰髯。"当时仅四十三岁的他，"病目"又"衰髯"，似乎已经能看到生命的尽头。

　　不光如此，《寒食帖》还写到"空庖煮寒菜，破灶烧湿苇"，可见其窘迫的经济状态。"君门深九重，坟墓在万里"，离家千里的苏轼甚至不能在自己的亡妻的坟上祭祀凭吊，顿感心死如灰。

　　《寒食帖》写于缅怀先人的寒食节，难免会多一些心境悲凉的感伤之情。但苏轼在黄州的那三年，难道真的只有贫苦，无半点欢喜吗？也不尽然。在黄州，苏轼不仅写下了流芳后世的《赤壁赋》《后赤壁赋》和《念奴娇·赤壁怀古》等名作，还体验了农夫的生活。

　　元丰三年（1080），苏轼正式务农。他开始在东坡一片田地里工作，自称"东坡居士"。

　　"回首向来萧瑟处，归去，也无风雨也无晴。"这一首家喻户晓的《定风波》写于元丰五年（1082）的春天，也是苏轼来到黄州的第三年，可以说与《寒食帖》同期而著。不同的是，此诗表达出旷达脱俗的情怀，让人顿时感到一种不畏坎坷的胸襟和气度。

　　世人多拿《寒食帖》中的诗文来感叹苏轼被贬黄州时的心灰意冷，其实在该帖背后，他也不乏潇洒欢喜的心情。不管是自称"东坡居士"，还是写下传世名作，都能看出他的豁达。"虽然苏轼在写《寒食帖》时，正是他人生中最不好过的几年，既凄苦有贫困。但是，在他的书法中，却没有丝毫悲悯之感。而是大笔一挥、洋洋洒洒，笔调中透露出积极乐观的心态。"四川省书法家理事、中国书法家协会会员钟杨琴笙分析说道。

留纸数尺，以待后人题帖

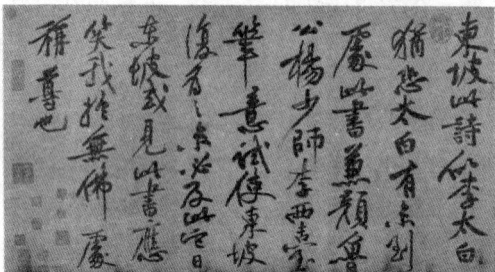

黄庭坚题跋其上

世人大多都知苏轼，知"但愿人长久，千里共婵娟"，知"老夫聊发少年狂，左牵黄，右擎苍"，也知"人生如梦，一樽还酹江月"。可见，苏轼作为大文豪和词人的形象深入人心。

不光如此，苏轼更是一位书法家、画家和美食家。就拿书法来说，苏轼与黄庭坚、米芾、蔡襄，并称为北宋书法"宋四家"。"我书意造本无法，点画信手烦推求。"苏轼曾这样评价自己对于书法的理解，又言："天真烂漫是吾师。"其作品更着重写意，信手拈来又浩浩荡荡，变化多端不可测。而《寒食帖》无疑是其行书中的巅峰之作，是其诗文创作与书法创作的合二为一。后人对《寒食帖》赞誉颇高，历代名家也推崇备至。于是《寒食帖》与东晋王羲之的《兰亭序》、唐代颜真卿的《祭侄文稿》合称为"天下三大行书"，也被称为"天下第三行书"。

古代的文人没有朋友圈，那么当一幅旷世奇作问世时，它是怎样收获"点赞评论"的呢？那就要通过书画作品上层层叠叠、密密麻麻的题诗留款、藏家印章、观者题跋来表现了。一件书法作品，流转在不同人的手上，都会留下他们的印记，人们甚至能在其中看到古人跨越千年的对话与对作品的评价。

据明代董其昌所言，东坡作书，故意留纸数尺，自谓"以待五百年后人作跋"。第一个题跋留下"评论"的人，正是苏轼的好友，"宋四家"之一的黄庭坚。只是这黄庭坚的题跋写得实在有趣，先赞"东坡此诗似李太白，犹恐太白有未到处。此书兼颜鲁公、杨少师、李西台笔意"，而后又忍不住偷偷吐槽道："试使东坡复为之，未必及此。"更令人捧腹的是，黄庭坚的题跋写得比原帖字体还大，笔走龙蛇，颇有与东坡一争高低的意味。

此后，《寒食帖》上的"点赞"与"评论"也愈来愈多，之后流转于不同人手中，收藏者众多。到了元代，又被进贡给皇帝元文宗，盖上了"天历之宝"的皇家藏印。明朝中晚期，这件宝物流出宫外，董其昌得见，惊叹不已，在其上写下题跋："余生平见东坡先生真迹，不下三十余卷，必以此为甲观。"

直至清朝，《寒食帖》先后由纳兰性德、乾隆皇帝等人收藏，被盖上一个个朱红色的藏印。

"生世"坎坷，战乱之年"逃生"

《寒食帖》遭遇了哪些"颠沛流离"，它的下落又如何？

据钟杨琴笙介绍，《寒食帖》现藏于台北故宫博物院。近代以来，该作品时运不济、命途多舛，几次从大火中逃生，才免于被付之一炬的命运。这幅传世名作的一生，也如同书写它的作者一般跌宕起伏。接下来，就来看看这幅作品是怎样在乱世之中得以流传保留的。

《寒食帖》诞生之时最初为蜀州江源人张氏所藏，几经周转，传到了河南永安县令张浩之手。当时由于张浩与黄庭坚相识，便携诗稿到四川眉州（也就是苏轼的家乡）拜访黄庭坚。黄庭坚见到《寒食帖》后叹为观止，提笔写下题跋，才有了上文中的内容。

张浩对《寒食帖》视若珍宝，其后人也是世代珍藏。至其侄孙，又在后面以寸楷加了长跋，点评道："可谓绝代之珍矣。"元代，该作品被收入皇宫，为皇家所拥有。到了明代后期，却又流出宫外，历经风霜，后于清代辗转回到宫内，之后被藏于圆明园。清咸丰十年（1860），英法联军火烧圆明园，《寒食帖》险遭焚毁，旋即流落民间，为冯展云所得。现在人们所见的《寒食帖》，亦能看到其下方的烧痕。

冯展云去世后，该帖为盛伯羲所密藏。之后又被完颜景贤购得。1917年，北京曾举办书画展览会，《寒食帖》在该会上得以展出，一时轰动四方，受到书画收藏界的密切关注。

1918年，作品又辗转到颜韵伯手中。四年后，颜韵伯游览日本东京时，将《寒食帖》高价出售给了日本收藏家菊池惺堂。于是该帖流出华夏，在很长一段时间内居于日本。1923年9月，日本东京大地震，菊池家受此天灾影响，所藏古代名人字画几乎被毁一空。当时，菊池惺堂冒着生命危险，从烈火中将《寒食帖》抢救出来，一时传为佳话。震灾之后，菊池惺堂将《寒食帖》寄藏于友人内藤虎次郎家中数年。第二次世界大战期间，东京屡次遭到美国空军轰炸，《寒食帖》幸而无恙。

《寒食帖》远离故土，一直是华夏儿女牵挂之事。第二次世界大战刚一结束，时任国民政府外交部部长的王世杰私下嘱咐友人在日本寻访《寒食帖》的下落，以重金购回。王世杰题跋于帖后，略述其流失日本以及从日本回归中国的大致过程。于是，《寒食帖》在多年之后回归故里，至今仍珍藏在台北故宫博物院。

"不管是清明节，还是寒食节，都是祭奠先人的日子，极具中国传统的韵味。在这个时候，大家可以读读临摹《寒食帖》，也算是缅怀苏东坡这位千古名家最好的方式了。《寒食帖》中，不仅有中国古代文人身陷囹圄却悠然自得的乐观心态；还有着在行书书法领域中的巅峰之势，着实很有必要去品读。"钟杨琴笙说道。

梨花风起正清明，在这落雨纷纷的时节，遥想苏轼当年在黄州举目苍凉，悲愤之余写下此《寒食帖》，却不想成为千古名作，流芳后世数千年。清明节，闲适无趣之时不妨品一品《寒食帖》，看看苏东坡笔下不一样的清明感怀。

（节选自网络，作者李雨心，有改动）

第三节　书法练习初步

这里的书法练习专指毛笔书法练习。

一、执笔方法

要想写好字，必须会执笔。执笔正直，捏笔紧，执笔不可过每指的第一指节。执笔时，掌要虚，指要实。执笔的高低，以字体大小而定。五指必须齐发并用，前三指拈住笔管，后两指抵住。无名指抵住笔管向外，小指紧靠无名指之下，而不着笔管，暗为相助。

了解执笔的技巧，掌握执笔的方法是学习写字的一项基本功。书圣王羲之的启蒙老师卫夫人说："凡学书字先学执笔。"足见正确执笔的重要性。古代书家根据实践经验，按手指的生理特征，总结了毛笔执笔的五字口诀："擫（按）、押（压）、钩、格（顶）、抵（托）"。据说这个口诀是由王羲之传下来的。

擫（按）：用拇指指节首端紧贴笔管内侧，由左向右用力。押（压）：用食指第一指节斜而向下贴住笔管外侧，由右向左用力。钩：用中指紧钩笔管外侧，由外向内用力。格（顶）：用无名指指甲根部紧顶笔管内侧，由内向外用力。抵（托）：用小指自然靠拢无名指，起辅助作用。

执笔时注意以下四点：

（1）指实，用拇指、食指、中指的每一节指肚实实在在地捏住笔管，抓得稳而用力实。写字时用力，提笔时放松，松紧变化适度。

（2）掌虚，指关节外凸，掌心空虚如握卵。这样便于手指伸缩、运笔灵活。

（3）腕活，手腕不僵硬，便于灵活用笔。

（4）笔摆，毛笔行笔时随行笔方向不同而摆动，形成中锋行笔，能拉能推，避免平拖死拉。

二、书写姿势

写字的姿势又称身法，是书写的一个基本备件，古今书法家对此都十分重视。写字姿势不正确会直接影响练字效果，所以必须掌握正确的书写姿势。

如果书写长宽在 10 厘米以内的字或篇幅较小的行草书，可采用"坐势"。坐势的要领是头正、身直、臂开、足安。

头正，就是头部端正，勿歪斜，稍微向前俯视。身正，是指上身挺直、两肩齐平、腰部挺起、胸部不要抵桌沿，以免妨碍呼吸。臂开，意思是两臂自然撑开，右手执笔、左手按纸，成均衡之势，笔距前胸一尺左右。足安，就是两脚自然放平稳，不要交叉或蜷腿、踮脚尖等。

坐势是书写的主要姿势，根据书体不同和字型大小，手腕的位置也有所不同：

（1）着腕，即手腕贴于桌面。此法多用于写毛笔小楷及钢笔字。

（2）枕腕，将右手腕枕于左手背上。此法适宜写小楷和中楷。

（3）提腕，也称悬腕，即肘着桌面而虚提手腕。由于手腕提起，转动灵活，旋转幅度加大，所以适合写中楷、大楷以及小行书。

（4）悬肘，即腕肘皆离开桌面。这样活动回旋的余地大大增加，笔力也得到充分发挥，适于写大楷、行草书。

三、运腕

运笔时手腕要放松，不可太紧张，因为一紧张笔力就搁止在腕部。腕法要灵活，不可以指运笔，当以腕运笔。正确的运腕不仅能使全身之力通过臂腕贯注到笔尖，还可以调整笔锋，产生多变的笔画。在运笔时，在点画的不断交换转折的过程中，为了要经常保持中锋行笔，都需要依靠手腕的协调动作来调整笔锋。同时，用笔中提按顿挫、方圆转折等笔法，也都离不开手腕的运动。

具体的说，运腕并不难。要点是腕部不要过分紧张以至僵硬，而要自然地放松，随着笔势的往来，协调地使腕部左右转动。例如写"竖弯钩"时，当竖画向右行时，腕部自然由左向右翻动，同时笔杆向左侧倾斜。这时，笔毛就侧势铺开，出锋时再顺势挑出，笔画则自然圆满、尖锐。又如写"撇"时，笔向左下出锋时，笔杆略向左上方倾斜，腕部向左上方翻，出锋则饱满有力。

总之，运腕的主要目的在于调锋，学书法者要在不断的实践中细心揣摩，久之自然就会熟练起来。

四、笔法

1. 笔法种类

笔法即笔毛在点画中运行的方法。古人对用笔十分重视，元代赵孟頫曾说："结字因时相传，用笔千古不易。"笔法包括中侧、藏露、平移、提按、转折等。

（1）中锋、侧锋。

笔锋在笔画的中间运行，称为中锋运笔。由于蓄于笔毛间的墨汁能随着笔的运行而顺利地注入纸内，因此能写出圆润浑厚、丰满充实的线条。它是一种主要的用笔方法。

侧锋用笔是笔锋偏向于笔画的一边，笔锋运行一边实，另一边虚，其线条峻秀多姿，有利于承接笔画，加快书写速度。

（2）露锋起收。

露锋起笔指起笔时笔锋露在点画外面，又称入锋起笔。这种笔法直接利索，精神外耀。如楷书中的左尖横、上尖竖使用的就是这种笔法。

露锋收笔指收笔时笔锋表露在笔画外，有明显的锋芒，又称出锋收笔。露锋收笔具有增强点画的骨力和使精神外拓的作用。楷书中的悬针竖、撇画、捺画等就属这种笔法。

（3）平移。

平移，即笔毫在纸上仅作平行于纸面的中锋移动，又称行笔、过笔。中腰粗状的横画和竖画。

（4）提按。

提按，指笔毫在纸上下运动，提笔画细，按笔画粗，提按造成了笔画粗细的节律变化。如出锋芒所向的笔画、腰细的笔画都属于提按用笔。

（5）转折。

转是指毛笔作圆弧运动时，接触纸面的笔毫部分始终保持不变，如竖弯钩、心钩等笔画。折是笔毫在平移时，突然在一点上作方向的改变，形成一个折角，如横折、竖折等笔画。

2. 永字八法

永字八法，是中国书法的用笔法则。以"永"字八笔的顺序为例，阐述正楷笔势的方法：点为侧，侧锋峻落，铺毫行笔，势足收锋；横为勒，逆锋落纸，缓去急回，不可顺锋平过；直笔为努，不宜过直，太挺直则木僵无力，而须直中见曲势；钩为趯（tì），驻锋提笔，使力集于笔尖；仰横为策，起笔同直划，得力在划末；长撇为掠，起笔同直划，出锋稍肥，力要送到；短撇为啄，落笔左出，快而峻利；捺笔为磔（zhé），逆锋轻落，折锋铺毫缓行，收锋重在含蓄。永字八法相传为隋代智永和尚或东晋王羲之或唐代张旭所创，因其为写楷书的基本法则，后人又将永字八法引为书法的书写法则代称。

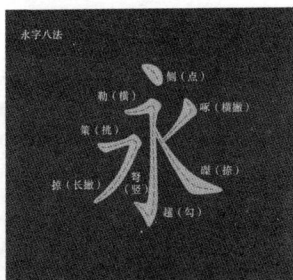

五、临帖

临帖，特指中国书法的学习方法，主要是临摹前人优秀的书法作品和字帖，学习书法家的精华。古人与今人都把临帖看作中国书法入门的钥匙及学习书法打好基础的好方法。临的次数越多、临的范围越广，基础就越牢固。临帖需眼到手到、眼准手巧，眼里看到的，笔端都能够表达展示出来。临帖分为三种：

（1）对临：将范本置于眼前，开始时须看一笔写一笔。

（2）背临：不看范本，只凭印象将诸字临写下来。

（3）意临：临写范本时，追求行气及整体的神韵和意境。

临帖应当选用古代优秀的碑帖和字体。一般应先学楷书，它点画规范，笔法丰富，结构端正，法度规矩，集中体现了书法艺术用笔、结构的法则，最便于初学者打基础。同时还应该选择古代流传下来的、经得起历史考验的、高水平的一流碑帖来学习。这对学习正确的用笔法度和结体原则等书法的基本功以及探索书法艺术的规律都有很大的帮助。

【实践与探究】

1. 购买一本钢笔字帖，练五篇钢笔字。

2. 利用参考书，临摹汉字的篆、隶、楷、行、草五种字体，每种字体写五字，并比较它们的异同。

3. 请简述永字八法。

4. 选两位自己喜爱的书法家，临摹其三幅书法作品。

第七课 汉字趣味

第一节 字谜解说

　　字谜，是一种文字游戏，也是汉民族特有的一种语言文化现象。它主要根据汉字笔画繁复、偏旁相对独立、结构组合多变的特点，运用离合、增损、象形、会意等多种方式创造。字谜，有广义、狭义之分。广义的字谜，指所有的文字和词语谜，如字类谜、词类谜、句类谜等。狭义的字谜，则指单个汉字的谜语，注重文字形体的组合及偏旁部首的搭配，要从形态、功用和意义上对谜底汉字的各个组成部分作多角度描绘，其对行文措词和谜面修辞技巧的要求也比较高。通过制作和猜字谜，可以加深对汉字结构之美的认识和体会，从而获得无穷的乐趣。本书主要谈狭义字谜。

一、字谜的构成

　　字谜由三部分构成，即谜面、谜目、谜底。谜面是指猜谜语时说出来或写出来的给人提供猜谜线索的话语；谜目是隶属于谜面，对谜底范围和数量起某种限定作用的词语，通常指该谜语的隐射范围（即打什么）；谜底是谜面意义的真实所指，即要人去猜的本体事物，也就是谜语的答案。比如：

大人不在家（打一字）。

谜面：大人不在家；谜目：打一字；谜底：一。

一个好的字谜，谜面的文字简单而优美，有意趣，耐品味。谜面与谜底扣合度高，设置巧妙，谜底唯一。好的字谜往往具有令人恍然大悟、会心一笑的效果。

二、字谜的分类

根据字谜创作方法的不同，可以将字谜分为许多不同的体，现将主要的六体简述如下。

1. 离合、并合体

其主要是指利用汉字结构上的分离或合并的组合变化而形成的字谜。比如：喜上眉梢（打一字）（声）；含羞带喜（打一字）（善）。

练习：落花人独立，微雨燕双飞（打一字）（俩）；蒋介石损兵折将，北伐军二路齐上，何应钦失去左右，熊克武有点无能（打一字）（燕）。

2. 意会体

其主要是指采取会意手法设置的字谜。谜面内容的含义与谜底高度吻合，含蓄婉转不直言。比如：三八列车（打一字）（妍）；男宾止步（打一字）（妪）。

练习：半边生鳞不生角，半边生角不生鳞；半边离水活不得，半边落水难活命（打一字）（鲜）。

3. 借代体

其主要是不直接把要说的事物名称说出来，而用跟它有关的另一种事物名称代替它的字谜。比如：一字生得妙，刘备见了哭，刘邦见了笑（打一字）（翠）；弄瓦之喜和弄璋之喜（打两字）（姓、甥）。

"弄瓦之喜"是祝贺别人生了一个女儿，"生"和"女"合起来就是"姓"。"弄璋之喜"是祝贺别人生了一个儿子，把"生"和"男"合起来就是"甥"字。为何"弄璋""弄瓦"与生男、生女有关呢？其实"弄璋""弄瓦"早在两千多年前的周代就已作为生男生女的代称。这主要缘于《诗经·小雅·斯干》。这是一首祝贺贵族兴修宫室的颂诗，诗中有两段分别写道：

乃生男子，载寝之床，载衣之裳，载弄之璋。其泣喤喤，朱芾（fú）斯皇，室家君王。

乃生女子，载寝之地，载衣之裼（xǐ，婴儿的包被），载弄之瓦。无非无仪，唯酒食是议，无父母诒（yí）罹。

这样，后世惯以"弄璋之喜""弄瓦之喜"庆贺亲友家喜获麟儿，至今还偶见沿用。

4. 双关体

其主要是指谜面字义有双关性的字谜。比如：一横又一竖，不能猜作十（打一字）（支）；不染凡间一点尘（打一字）（儿）。

再如：左边不出头，右边不出头，不是不出头，就是不出头（打一字）（林）；自大一点，人人讨厌（打一字）（臭）。

"自"和"大"合起来，再加一点，就是谜底"臭"。《说文解字》曰："禽走，臭而知其迹者，犬也。"意思是说，无论飞禽还是走兽奔走过的地方，用鼻子一闻便能找到它们踪迹的动物，就是犬。可见"臭"的本义就是犬用鼻子闻气味，由此引申为"气味"。谜面说"人人讨厌"，是就"臭味"说的，是后起的意思。实际上，该字最初无涉香臭。《诗经》称，"上天之载，无声无臭"，是说天地处于混沌状态时，整个宇宙既没有一点声音，也没有气味。杜甫的名句"朱门酒肉臭，路有冻死骨"中的"臭"，非但不能解为"臭味"，恰恰应解为"香味"，即"富贵人家酒肉飘香"之意。

5. 增损体

其指利用增加或减少字的偏旁部首的方式使得谜面与谜底吻合的字谜。比如：见火就炸，出言也假（打一字）（乍）。再如：有水可养鱼虾，有土可种庄稼；有人不是你我，有马奔驰天下（打一字）（也）。上无底，下无盖，专说神仙和鬼怪（打一字）（卜）。不要盲目（打一字）（亡）。南美（打一字）（大）。圆心（打一字）（员）。

6. 象形体

其采取借喻的手法来描述或形容事物的形样貌，使谜面与谜底吻合的字谜。比如：爿（打一字）（版）；夹着尾巴做人（打一字）（个）；一手撑破天（打一字）（扶）。

三、字谜试猜

（1）一对明月，完整无缺，落在山下，四分五裂（打一字）。

谜底：崩。该字上部为一"山"字，下部为一"朋"字。"一对明月""落在山下"是就"朋"在"山"之下而言的。"四分五裂"是"崩"就含义来说的。《说文解字》称："山坏也。从山，朋声。"说明该字为形声字。该字后来用指帝王或王后逝世，意即他们的去世影响很大，有如山崩一般，如诸葛亮《出师表》中的"先帝知臣谨慎，故临崩寄臣以大事也"。

（2）开窗乘风凉，门下立大将，你说楚霸王，我说关云长（打一字）。

谜底：扇。开头两句是"扇"的"户"字头，"窗""门"都与"户"义相关。《说文解字》说："护也。半门曰户。"这就是说，户指门，门有保护作用。后两句是"羽"字，楚霸王项羽、关云长关羽姓名中均有"羽"字，故云。《说文解字》将"扇"解为门扉，形声字，户为形符，翅省为声符。由"户"和"羽"

组成的"扇"的意思就是如鸟翼一样能开能合的门扇。

（3）两个幼童去砍柴，没有力气砍不来，回家又怕人笑话，躲在山中不出来（打一字）。

谜底：幽。前两句是谜底的两个"幺"。"幼童"没有"力气"，即"幼"去掉"力"，就是"幺"。末句是两个"幺"夹在"山"字的三竖划之间，显然是"幽"。

（4）孔子登山（打一字）。

谜底：岳。谜底的上部为"丘"，下部为"山"。孔子，名丘，字仲尼，丘在山上，当然是"岳"。该字本作"嶽"，从山，从狱，形声字。义指五岳，即东岳泰山、南岳衡山、西岳华山、北岳恒山、中岳嵩山，这些山都是帝王巡视疆土所要到的地方。丈夫对妻子的父母称为"岳父""岳母"，是因为泰山以丈人峰为最高，又为五岳之长而得名。

四、《红楼梦》字谜解析

《红楼梦》是中华文化的缩影，其中文化内容与文化活动比比皆是，行酒令、制灯谜、打坐参禅、讲笑话等，无不蕴含着丰富的语文知识，是语文学习的重要素材。其中的字谜，更是耐人寻味。作者利用汉字的结构特点，制成谜语，给读者以丰富的想象和暗示。有的字谜以灯谜的形式出现，有的以揭示人物命运的判词的形式出现，有的以拆字揭帖的形式出现。了解这些字谜，有助于感受汉字神奇的魅力。

1.《红楼梦》灯谜中的字谜

（1）《红楼梦》第二十二回，写到众人制作上元节灯谜。其中，李绮作了一个字谜。

谜面：萤。

解析：萤在夏季多就水草产卵，化蛹成长，古人误以为萤是由腐草本身变化而来。《礼记·月令·季夏》称："腐草为萤。"

唐·李商隐《隋宫》诗"于今腐草无萤火，终古垂杨有暮鸦"即化用了腐草化萤的典故。故黛玉道："'萤'可不是草化的?""草化"为"花"字之分拆。

谜底：花。

（2）《红楼梦》第二十二回，李纹的灯谜。

谜面：水向石边流出冷（打一古代人名）。

解析：此谜虽然打古代人名，实际上隐藏着一个字谜。谜面出自宋代苏洵的"冷香联句"："水向石边流出冷，风从花里过来香。"此谜隐着一个"涔（cén）"字。如果没有这个"涔"字，此谜便不成立。"涔"之"山"即"石"；"岑（cén）"亦指小而高的山。所谓"水向石边流出冷"，意指"涔"字之"水"从"石"（山）边流出一个"汵（gàn）"字，"涔"字则因此被分拆为"山"和"汵"两字。而"汵"同"淦（gàn）"，是河工术语，指起伏很大的激浪，所以"山汵"即"山涛"；"涛"即大波浪。"向"，从；在。谜面之"冷"字则是因水之流动从"汵"字转化而来。

谜底：山涛。山涛，字巨源，三国及西晋时期名士，政治家，竹林七贤之一。

2.《红楼梦》人物判词中的字谜

（1）贾迎春判词：子系中山狼，得志便猖狂。

解析：子系中山狼，"子"，古代对男子表示尊重的通称。"系"，是。"子""系"合而成"孙"，隐指迎春的丈夫孙绍祖。"中山狼"语出无名氏《中山狼传》，说东郭先生救了一只被猎人追杀的狼，危险过去后，它反而想吃掉东郭先生。后来把忘恩负义的人叫作中山狼。两句诗暗指迎春的丈夫孙绍祖是忘恩负义的像中山狼一样的人。

（2）王熙凤判词：凡鸟偏从末世来，都知爱慕此生才，一从二令三人木，哭向金陵事更哀。

解析："凡鸟"是隐"鳳（凤）"字，暗指王熙凤。"一从二令三人木"，脂批说此处用了"拆字法"，究竟如何拆，没有说明。著名红学家吴恩裕解为"凤姐先是对贾琏言听计从，继则对贾琏发号施令，最后事败终不免休之，故曰'哭向金陵事更哀'"，可备一说。"人木"即为"休"字。全诗意在暗示王熙凤的最后结局是被贾琏休掉。

（3）香菱判词：根并荷花一茎香，平生遭际实堪伤；自从两地生孤木，致使香魂返故乡。

香菱是甄仕隐的女儿，她一生的遭遇是极不幸的。名为甄英莲，其实就是"真应怜"（脂评语）。"自从两地生孤木，致使香魂返故乡"，两个"土"加一个"木"，就是"桂"，意为薛蟠娶夏金桂后，香菱就被迫害而死。

3.《红楼梦》揭帖中的字谜

《红楼梦》第九十三回写道，贾府到处散发一些揭发水月庵窝娼聚赌的帖子，贾政严厉指责贾琏，并叫赖大前往处理。赖大来到水月庵，贾芹正在与沁香等女尼饮酒作乐，心中大怒，但因主子交代不要声张，遂装笑传命叫大家收拾东西进城。贾琏叫来贾芹严厉斥责，贾芹磕头流泪请贾琏救他，贾琏也因怕事情闹出去不好听，只得指示贾芹咬定不承认，并要求赖大为贾芹遮掩。

其中的帖子内容如下：西贝草斤年纪轻，水月庵里管尼僧。一个男人多少女，窝娼聚赌是陶情。

解析："西贝草斤"，采用拆字法暗示，合而成"贾芹"二字。贾芹，贾府本家，母亲周氏托凤姐谋事，被安排在铁槛寺管理小沙弥，为非作歹被贾珍斥责。贾芹的"不肖"，影射的是他的主子贾琏之流。该回中贾琏担心闹出去不好，并指示赖大遮掩，即说明这一点。贾府腐朽透顶，此为明证。

第二节　汉字故事

一、嘉隐智答

唐朝时有个贾嘉隐，在他七岁时遇到了两个诗人，两个诗人知道他很会讲话，就和他开起玩笑。年长的诗人靠着棵槐树便问道："小朋友，我靠的这棵树叫什么树？"嘉隐想这还用问我，哪个小孩不知这叫槐树。他瞧了瞧诗人，脑子一闪，便回答说："这是松树。"诗人哈哈笑起来说："你说错了。"嘉隐说："你年纪大，我叫你公公，'公'靠在'木'旁，不就是'松'吗？"年轻的诗人听了嘉隐的话，立刻靠在槐树上，毫不客气地说："现在你该叫我公公了。"嘉隐看到他那傲慢的神情，摇摇头，改口说："你靠的这棵树是槐树。"年轻诗人问："为什么不一样？"嘉隐说："不是树不一样，而是人不一样，'公公'靠着'木'像棵不老'松'，'鬼'靠着'木'，那就是'槐'。"能言善辩的小嘉隐使得这位诗人瞠目结舌，哭笑不得。

二、买猪千口

传说从前有一位县官，写字很潦草。一天想吃猪舌，就写了个纸条让仆人去买。古代是竖行书写，县官把舌字写得很长，致使仆人认为"买猪千口"。买千头猪谈何容易，仆人到处奔走，忙得不亦乐乎。县官见很久没有买回，就又派人去催，没想到去催的人也是一去不回，县官又气又急。天黑了，外出的仆人回来报告说："你买的东西恐怕今天是买不齐了。"县官不由得怒从心起："你们出去一整天，连个猪舌也买不回，不是存心和老爷捣乱吗？"仆人听后，恍然大悟，连忙说："老爷，误会了，我们见条子上写的是'买猪千口'，我们忙了一整天，还没买够半数。若早知道是买猪舌……"县官一听，脸涨得通红，露出无可奈何的表情。

三、凡鸟为凤

《世说新语》载，有一次，吕安跋山涉水去拜访嵇康，恰好嵇康不在，并且还要四五天才能回来，吕安打算立即回家。嵇康的弟弟嵇喜再三挽留，可他还是要走，临走时在嵇康的门上挥笔写了一个"凤"字。嵇喜很高兴，认为客人是在恭维自己是"鸟中之王"。后来，一位朋友告诉他："凤，从鸟，凡声，客人在讥讽你是一只凡鸟。其意思是不屑与你交谈，因此就走了。"嵇喜这才恍然大悟。

四、死秃和尚

苏轼被贬岭南，一次外出游山，见一小和尚被罚跪，上前一问，才知是小和尚因不慎打碎了油灯，被老和尚处罚。小和尚身上、脸上满是伤痕，苏轼心想，出家人以慈悲为怀，对徒弟怎么可以这么狠毒？于是进庙见方丈。方丈见苏轼来访，不禁大喜，提出要苏轼留个墨迹。苏轼提出要门前的小和尚磨墨，方丈立即答应。于是他为老和尚写了一副对联"一夕化身人归去，八千凡夫一点无"，方丈以为是赞誉自己年高德劭，便叫人刻于门上，以此炫耀。一天，名播一时的佛印和尚云游至此，见此对联不禁仰天大笑。方丈问其缘故，佛印说这是咒骂你的两个字谜：上联隐"死"字，"一"加"夕"，"化"去掉"人"，合起来就是"死"字。下联隐"秃"字。"八""千"为"禾"；"凡夫一点无"，"凡"去掉一点，即为"几"；合起来就是"秃"字。上下联合为"死秃"。方丈听后，气得火冒三丈。

五、"殊"字之祸

"殊"，左边为"歹"，本义为"剔去肉后剩下的残骨"，引申为"死人"。在汉字中凡是以"歹"为偏旁的字意义都与"死"有关。在汉代的律法中，"殊死"是一种非常残酷的刑法，就是"砍头的死罪"，因此有人认为"殊"的右边的"朱"不只表音，也有表意的作用，"朱"指鲜红的血液，因此"殊"字表现了人死时鲜血四溅的情景，也说明了"殊死"之刑的残酷性。传说朱元璋年少时曾削发为僧，所以他一生与和尚交谊很深。一次，他请以前和他认识的一个和尚吃饭，和尚很高兴，在酒宴上即席赋诗一首献给朱元璋。其中有一句"金盘苏合来殊域"，意为：金盘里装的苏合香是来自不同的地方。朱元璋抓住"殊"不放，认为"殊"的左边为"歹"字，本义为"死"引申为"坏"，右边为"朱"代指朱元璋或朱明王朝，"殊"就是"死朱""坏朱"之意，这是有意在骂他，于是下令把这个和尚杀了。

六、绝妙好辞

《世说新语·捷悟》载，魏武帝曹操曾率军路过曹娥碑，见碑背题有："黄绢幼妇，外孙齑臼。"于是问主簿杨修："解否？"杨修答道："解。"魏武帝说："卿暂且不说，待我思之。"行军三十里，魏武帝才说："吾已得之。"两人互对答案，知"黄绢"是一种有色的丝，"纟""色"相合为"绝"；"幼妇"是"少""女"，合之为"妙"；"外孙"，乃"女"之"子"，相合为"好"；"齑"，指姜、韭菜等带有辛辣的调味品；"臼"，是舂米的器具，用石头或木头制成，中间凹下，这里是指捣制调味品的器具，是承受辛辣之物，"受""辛"相合为"辤"（辞的异体字）。石碑谜隐"绝妙好辞"四字。此谜一揭，魏武帝十分感叹，说："我才不及卿，乃觉三十里。"

七、虫二

泰山摩崖刻石有"虫二"两个字，这是清光绪二十五年
(1899) 山东省济南名士刘廷桂题镌的。作为泰山刻石中的佼佼
者，"虫二"刻石的外观比较怪异，"虫二"这两个字也生涩难
解，令人摸不着头脑。

"虫二"，是泰山刻石中为数不多的字谜之一，它是繁体字
"風"和"月"的字芯。即繁体字的"風"字，去掉里边的一撇
和外面的边儿，就剩个"虫"字；"月"字去掉四周的边儿就剩
下个"二"字，寓意为"风月无边"。其真正内涵是指泰山风光
幽静秀美和雄浑深远，这样的书法构思可谓精深独特，别出
心裁。

以"虫二"隐喻泰山景观"风月无边"，表达形式简练精确，
情感抒发细致入微，把作者对于泰山风光的眷恋情绪表现得淋漓
尽致，恰到好处。这副作品的作者刘廷桂在泰山上留存的书法刻
石作品大约有数十副，"虫二"是他的代表作之一。这副刻石为
行书，笔力沉稳挺拔，豪情昂扬，两字之间，动静相宜，前呼后
应，蕴意无穷。

第三节　拆字趣联

中华文字多奇趣，古今文人墨客玩味其中以此为乐。有一种
文字游戏叫"拆字"，被广泛用于作诗、填词、撰联，或用于隐
语、制谜、酒令等。

南宋胡仔《苕溪渔隐丛话》载有一首拆字诗："日月明朝昏，
山风岚自起。石皮破拈壁，古木枯不死。可人何当来，意若重千
里。永言咏黄鹄，志士心不已。"每一句中都含有拆字，构思奇

特新颖。

拆字用于撰联的情况则更多，如："张长弓，骑奇马，单戈独战（戰）；嫁家女，孕乃子，生男曰甥。"上联拆拼"张、骑"，"单""戈"二字又合并为"戰"字；下联拆拼"嫁、孕"，"生""男"二字又合并"甥"字，分别表现了驰骋疆场和儿女情长两种场面，极富趣味性和艺术魅力。

现选录几则拆字趣联，在有趣的故事中感悟汉字的神奇魅力。

一、蚕为天下虫，鸿是江边鸟

南朝时的江淹，是文学史上十分著名的人物。与他有关的妇孺皆知的成语就有两个："梦笔生花""江郎才尽"。相传在被权贵贬黜到浦城当县令时，江淹漫步浦城郊外，歇宿在一小山上。睡梦中，见神人授他一支闪着五彩的神笔，自此文思如涌，成为一代文章魁首，时人称为"梦笔生花"。中年以后，江淹官运亨通，官运的高峰却导致了他创作上的低潮。据钟嵘《诗品》记载，江淹有一天晚上梦见一个人，自称郭璞（晋代文学家），他对江淹说道："我有一支五色彩笔留在你处已多年，请归还给我吧！"江淹从怀中取出，还给了那人。其后他写的文章就日见失色，时人谓之才尽，于是便有"江郎才尽"一说。

江淹年轻时家贫但才思敏捷。一次，一群文友在江边漫游，遇一蚕妇，当时有一颇负盛名的文人即兴出联曰："蚕为天下虫。"将"蚕"拆为"天"和"虫"，别出心裁，一时难倒众多才子。正巧一群鸿雁飞落江边，江淹灵感触发，对曰："鸿是江边鸟。"他将"鸿"拆为"江"和"鸟"，与将"蚕"拆为"天"和"虫"有异曲同工之妙，不仅反应极快，而且贴切工巧，众人自然为之叹服。

二、四口围犬终成器，口多犬少

北宋文坛巨匠苏轼与诗人佛印和尚是至交好友。一次，苏轼去找佛印和尚，看到他正在与三个木匠对庙顶设计雕刻的一只木质的小狗品头论足，灵机一动，想起一个拆字上联。他上前对佛印说："我有一上联在此，佛兄可对否？"随即出口吟道："四口围犬终成器，口多犬少。"

佛印一听，心想这是一个拆字联，四口人围住一只犬，正是一个"器"字，四口对一犬，可不就是口多犬少吗？佛印正皱眉挠头时，忽然看见两个人抬着一根木料走了过来。他眼前一亮，联从口出："二人抬木迈步来，人短木长。"

苏轼听罢，连声称妙。原来，"来"的繁体字是"來"；"木"字腰窝两个小"人"，木头挺长，人却极短，佛印同样用拆字法对出了下联，可谓天衣无缝。

三、人曾是僧，人弗能成佛

传说佛印和尚与苏轼的妹妹苏小妹也曾妙对过一次"拆字联"。佛印和尚有一天去拜访苏轼，大吹佛力广大、佛法无边。坐在一旁的苏小妹有意开他的玩笑："人曾是僧，人弗能成佛。"佛印一听，也反戏她一联："女卑为婢，女又可为奴。"苏小妹和佛印的妙对，就是利用拆字法巧拼"僧""佛""婢""奴"四字互相戏谑，妙趣横生。

四、欠食饮泉，白水岂能度日

宋朝仁宗时期的宰相吕蒙正幼时家境贫寒，缺衣少食。但他学习刻苦，天赋颇深。一日，私塾先生带领几个学童上山游览，吕蒙正因未吃早饭，肚中饥饿，看到有一山泉，忙跑过去伏下身子饮水充饥。先生见此情景，知其必是饥饿所致，便即景出联问曰:"欠食饮泉,白水岂能度日?"吕蒙正知道这是一副拆字联,"欠""食"是一个"饮"字,"白"与"水"是一个"泉"字。此联触到了他的痛处,勾起他无限愁情。他当即对出了下联:"才门闭卡,上下无处逃生。"他将"才"与"门"组成"闭"字,"卡"拆为"上""下"二字,既说出了自己的家境,又与上联相对甚妙。先生见他说得可怜,又深爱其才,当下便把他领到自己家中,让他和自己的儿子一起读书,并免除他的一切费用。后来,吕蒙正终于在大考中被钦点为状元,最后成为一人之下、万人之上的一品首辅。

五、冻雨洒窗,东两点,西三点

明人蒋焘,少时即能诗善对。一天,家中来了客人。此时窗外正下着小雨,客人想考考他,便出联云:"冻雨洒窗,东两点,西三点。""冻"字拆开是"东两点","洒"字拆开是"西三点",对起来有一定难度。这时,只见蒋焘从屋里抱出个大西瓜,切成两半,其中一半切了七刀,另一半切了八刀,对客人说:"请各位指教,我的下联对出来了。"他见客人纳闷,补充说:"切瓜分客,上七刀,下八刀。"客人赞不绝口。"切"字拆开正好是"七""刀",而"分"字拆开是"八""刀"。

六、妙人儿倪氏少女,大言者诸葛一人

乾隆皇帝擅长对对联,且常借此戏人。一次,他乔装改扮,与张玉书在酒楼上饮酒。席间,他乘着酒兴指着一姓倪的歌姬出了上联"妙人儿倪氏少女",要张玉书接对。这上联是"妙""倪"二字的拆字联,张玉书一时苦思莫对。

歌姬在一旁随口答出"大言者诸葛一人",将"大""诸"二字拆开。乾隆大为赞赏,命张玉书赐酒三杯。不巧,酒已喝完,倾壶只滴出几点。

歌姬见此，笑着对乾隆说："'氷（冰的异体字）凉酒一点两点三点'，下联请先生赐教。"上联既暗含前三个字的偏旁，又冠以数字，窘得乾隆面红耳赤。幸好此时楼下走过一个卖花人，张玉书灵机一动，代言道"丁香花百头千头万头"才算为他解了围。据说，自那以后，乾隆皇帝再不轻易用对联戏人了。

【实践与探究】

1. 请讲一个有关汉字的富有文化底蕴的故事。

2. 根据下列汉字的结构解说其蕴含的哲理。

劣（参考答案：如平时如果用力少，到时就会比别人差；缺少能力的人，其表现就可能比别人差。）

舒（参考答案：如舍予是一种忘掉自己的精神，这种境界多么令人舒畅；只有不断地舍弃和给予，才会感到舒心快乐。）

选（参考答案：如走在前面的人，更有选择的余地；被挑选出来的人，应是事事走在别人前面的。）

3. 猜字谜。

（1）一半在河海，一半在天空，到底在哪里？老家在山东。（鲁）

（2）有心走不快，见水它过满，长草难收拾，遇食就可餐。（曼）

（3）一阴一暗，一短一长，一昼一夜，一热一凉。（明）

（4）走出深闺人结识。（佳）

（5）一来再来。（冉）

（6）守门员。（闪）

（7）一撇一树一点。（压）

4. 下面是一副对联的上联，请对出下联。

上联：此木成才山山出

下联：（参考答案：因火为烟夕夕多）

附　　录

附录一　120个汉字本义探源

序号	汉字	序号	汉字	序号	汉字	序号	汉字	序号	汉字	序号	汉字
01	八	21	手	41	弃	61	义	81	时	101	盈
02	更	22	身	42	肖	62	我	82	没	102	寒
03	获	23	要	43	牝	63	纲	83	坐	103	往
04	集	24	妻	44	半	64	太	84	谷	104	收
05	监	25	尿	45	疾	65	户	85	秃	105	戒
06	零	26	妥	46	益	66	子	86	间	106	律
07	受	27	采	47	乃	67	习	87	忍	107	丽
08	叔	28	算	48	因	68	天	88	取	108	珍
09	岁	29	弄	49	富	69	见	89	戍	109	重
10	行	30	共	50	福	70	永	90	奋	110	海
11	引	31	兵	51	鬼	71	析	91	罗	111	制
12	造	32	爨	52	自	72	为	92	具	112	服
13	旨	33	企	53	生	73	乳	93	败	113	殷
14	主	34	步	54	典	74	向	94	季	114	朝
15	灾	35	君	55	邑	75	名	95	定	115	垂
16	杳	36	尽	56	困	76	年	96	观	116	祝

续表

序号	汉字	序号	汉字	序号	汉字	序号	汉字	序号	汉字	序号	汉字
17	石	37	改	57	公	77	昆	97	学	117	汤
18	阜	38	争	58	聿	78	孝	98	威	118	望
19	页	39	有	59	之	79	束	99	章	119	解
20	荒	40	孟	60	歹	80	走	100	楚	120	圣

1. 八：指事字。用相背的两条弧线作指事符号，表示物体被分离为两部分。《说文解字》：别也。象分别相背之形。

2. 更：《说文解字》：改也。从攴（pū），丙声。攴，就是"扑"字，表示与手有关的动作和行为。"又"，即右手。"更"为动词，在钟点交替之际敲钟报时，读音为"gēng"。

3. 获：即隻，猎人手持一只鸟。从又，从隹。表示猎获鸟雀。后加"犬"旁，强化猎获之义。

4. 集：群鸟在木上也。从雥（cà），从木。雥，由三个隹组成，指鸟群。后来一只隹停在树上，也是集。

5. 监："监"是"鉴"的本字。由两部分组成，（見，睁大眼睛看），（皿，水盆）；表示盛水为镜，自我审视。本义为从水盆中照看自己的面影。远古时代盛水为镜。

6. 零：意为阵雨后的小雨。雨为形旁，令为声旁。

7. 受：甲骨文的受字，画的是两只手，中间一个舟，舟是声符，表示两人传递货物。

8. 叔：《说文解字》：拾也。从又，尗（shū）声。《诗经·豳风·七月》中的"九月叔苴"即用的本义。

9. 岁：木星名。中国远古先祖就已经认识到木星约十二年绕行太空一圈，每年经过一个星次，遂以木星行经的星次来纪年，即"岁星纪年法"，也因此古人将木星称为"岁星"。

10. 行：甲骨文字形，像十字路口，本义为道路。《诗·豳风·七月》"遵彼微行"，微行（háng），就是小路。

八	更	获	集	监	零	受	叔	岁	行
八	更	获	集	监	零	受	叔	岁	行

11. 引：引，意为拉弓持箭，张弦未发。《孟子·尽心下》称"君子引而不发"。

12. 造：《说文解字》："就也，从辵，告声。""辵"作偏旁是俗称的"走之"旁。造的本义：前往，到，如"造访"等。

13. 旨：甲骨文字形。上面的"匕"像匙形，下面是口，以匙入口，表示味美。

14. 主：该字的甲骨文就是点着的火把。远古时火在人们的生活中意义重大，夜晚的火把往往就是团聚人们的核心。

15. 灾：《说文解字》：字形采用"宀""火"会义。火从房屋下烧起，焚烧屋顶，必成灾祸。

16. 杳：表示日坠林梢。本义指夕阳坠入丛林，光线暗淡。日在树上为"杲"，表示天色大亮；日在树下为"杳"，表示天色已昏暗。

17. 石：上部为山崖，口子表示石块。厂（hǎn），山崖。

18. 阜："阜"的本义是土山，原始山坡的象形。"阜"演变为偏旁"阝"，读音为"fù"，称"软耳刀""双耳旁""双耳刀"。在左为"左耳刀"，在右为"右耳刀"。在左边的字都跟地形、台阶等有关，如隘、阿、坠等。

19. 页：一般有页做偏旁的字都跟头有关，如颈、颐、顶等。

20. 荒：从草从亡从川，会意，表示洪水泛滥，家毁人亡，田园荒废。

引	造	旨	主	灾	杳	石	阜	页	荒
引	造	旨	主	灾	杳	石	阜	页	荒

21. 手：像五指伸张的样子。本义为伸张的五指，人的前肢。古人称静态的前肢为"手" 手，称动态的手为"又" 又（抓握、操持），"又"通常作为造字部件，以偏旁的形式出现。

22. 身：妇女腹部隆起，怀孕。这个意义保留在"身孕"一词中。

23. 要：本义为腰。下为女，上为人头部，左右两手叉腰表示腰部位置。

24. 妻：从又，意为以手梳理长发。会意盘发结婚为妻。

25. 尿：甲骨文形为男子侧立撒尿。

26. 妥：甲骨文形为一只大手按压一个跪着的女人。

27. 采：甲骨文形为一只手正在摘取树上的果子。上为手，下为木，表示采集、摘取之义。

28. 算：古时以竹片或小木条做筹码，用手来回摆弄计算数字。篆书上为竹，代表竹片，下为手，表示双手摆弄。中间是目，表示用眼睛看。

29. 弄：篆文上为玉器，下为双手，意为双手玩弄玉器。

30. 共：篆文为双手捧着一种器具。意为共同。

手	身	要	妻	尿	妥	采	算	弄	共
手	身	要	妻	尿	妥	采	算	弄	共

31. 兵：上为斧斤，下为双手。意为手持兵器去打仗。

32. 爨：篆书上边是两手将锅放在灶台上，下部为双手持木

131

放在火上。表示烧火做饭。

33. 企：上为人，下为止，突出脚的作用，以便踮脚远望。

34. 步：两个"止"，代表两只脚；表示一前一后地行走。

35. 君：在篆书中，上为一手持笔，即"尹"字，表示制定政策的人；下为口，表示说话算数的人，会意统治者，专指帝王。

36. 尽：篆体上为一只手，拿着一把扫帚；下为盛食物的器皿。意为持帚洗刷器皿，表示器具中的食物被吃光。

37. 改：左为小孩之形，右为手持棍棒之形，表示棒打小孩使其改正。

38. 争：篆书意为上下两只手在争一物，表示争夺、争斗、竞争。

39. 有：上为手，下为肉，表示手持肉食。手中有肉，当然意为有。

40. 孟：篆书上为小孩，下为浴盆。表示为新生儿洗澡，俗称"洗三"。洗三是小孩生下来的第一件事，故有开始之义。此外，兄弟中排行最大的称为孟。

兵	爨	企	步	君	尽	改	争	有	孟
兵	爨	企	步	君	尽	改	争	有	孟

41. 弃：甲骨文上面为"子"，中间是"箕"，下面是双手。表示双手捧着一只装有婴儿的箕，准备将孩子丢弃。

42. 肖：《说文解字》："骨肉相似也。从肉，小声。不似其先，故曰'不肖'也。"

43. 牝：甲骨文左为"匕"字即"𠤎"，表示俯伏的妇女；右为"牛"。该字表示母牛。牡，"牡"，左为牛，右为"士"；

“士”，古义为持斧作战的武夫，表示男性（也有说“士”为男性生殖器的象形字）。“牡”字表示公牛。

44. 半：上为“八”，分开之意；下为“牛”。表示把牛分为两半。

45. 疾：两臂张开的人，意为一个人被箭矢射中。

46. 益：下为盛水的器皿，上为水。表示水从器皿中流出来。

47. 乃：该字本义为女人的乳房。后加“女”字，成为“奶”字。该字义逐渐被“奶”字吸收。

48. 因：口字形为席子，里面是一个人。字义是一个人躺在席子上。后该字义为“茵”字所吸收。

49. 富：从字形来看，“宀”是房子，中间是一个酒坛子。字义为屋子里放着一坛酒。古人认为有房子住、有酒喝，就是富足的生活。

50. 福：左为“示”，表示祭祀；右为“畐”，为酒坛子。字义表示用酒祭祀祖先，祈求祖先保佑，即求福。

弃	肖	牝	半	疾	益	乃	因	富	福

51. 鬼：字形上面为面具，下面为人，表示祭祀仪式中头上戴着恐怖面具的巫师；后在右边加一“厶”字，成为“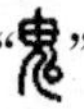”，表示私，不敢公开。

52. 自：象形字，象鼻形，指人的鼻子。后“自”用来作第一人称代词“自己”。

53. 生：该字是一个由“土”和“中”组成的会意字。中，读音为“chè”。生，字义为草木出于土上。

54．典：上为"册"，古代的书籍是一张张竹片或木片串编而成的；下为"丌"，读音为"jī"，是垫物的器具，底座。字义为将册供在几上，表示很重要的册，即经典。

55．邑：上为"口"，表示城墙；下为"人"。该字表示人在城墙下。字义为小邦国，城市。常简化为"阝"，读音为"fǔ"，放在字的右边，凡有此偏旁的字与国名、城市、区域有关，如都、郊等。

56．困："口"表示石头砌成一圈，中间"木"，表示树木。字义为树木被石头圈住，生长受阻。

57．公：上为"八"，表示相背；下为"厶"，即私；合起来表示与私相背，公正无私。

58．聿：上为手，下为笔。字义为握笔书写。后加"竹"旁，成为"筆"。该字义为"笔"所吸收。

59．之：上面是脚的象形字"止"，"止"为足，有行走之意；下面一横，表示地面。字义为在大地上行走。

60．歹：字形上为骨节，下为残肉，字义为剔肉的酷刑。《说文解字》称"列骨之残也"，即骨肉分解后残留的骨架。也有解说为枯骨。

鬼	自	生	典	邑	困	公	聿	之	歹
𩲡	𦣻	生	典	邑	困	公	聿	之	歹

61．义：从羊从我。"羊"是祭祀的牲畜，"我"是一只有棱有角，还具有锯齿状的刀刃的兵器，表示仪仗，合起来就是"仪礼"。后来该字义被"仪"吸收。

62．我：古代的一种兵器，像戈，却又比戈多几把锋利的小刀。后借用为第一人称代词。也有人认为，我，从戈从禾。禾，代表财产；戈，代表武器。用武器保卫财产，就是"我"。

63. 纲：本义是提纲的总绳。

64. 太：在大的下面加一点，表示比大更大，会意字。段玉裁在《说文解字注》里说"后世凡言大而以为形容未尽则作太"，如太空、太古等。

65. 户：像一块有转轴的木板，是门（門）的一半。《说文解字》曰"半门曰户"。门一般为两扇门，户是只有一扇的门。

66. 子：字形像一个大脑袋，挥动两臂、两腿包裹在襁褓中、尚不能独立活动的婴儿。

67. 习：《说文解字》："数飞也，从羽从白。"郭沫若认为白疑为"日"之误，指鸟儿在晴日练习飞翔。该字的甲骨文字形 𦏵，可以为证。

68. 天：上部为人的头，下部为"大"。一个正面站立的人形。字形特别突出了人的头部，意味着字的本义为头顶。

69. 见：上部为目，下部为人。意为看见。

70. 永：从水从人。意为人在水中游泳。该字义后为"泳"吸收。

义	我	纲	太	户	子	习	天	见	永
義	我	網	太	户	子	習	天	見	永

71. 析：从木从斤，斤，斧头。意为用斧头将木头分开。

72. 为：从手从象。意为人用手牵着大象从事劳作。

73. 乳：从手从子从乃。意为一个人手托小孩的头在喂奶。

74. 向：从宀从口。字义为房屋墙壁上开的通风的窗户。

75. 名：《说文解字》："自命也。从口，从夕。夕者，冥也。冥不相见，故以口自名。"

76. 年：从禾从人，上为禾，代谷物，下为人。字义为一个人被禾穗压弯了腰，表示禾谷丰收。中原地区大都一年收获一次，"年"由禾谷丰收引申为时间"年"。

77. 昆：从日从比。字义为二人在太阳下肩并肩劳作。一起劳作，关系比较亲密，"昆"引申为"兄"，如昆弟，即为兄弟。由于一起劳作的人很多，所以昆又有众的意思，如昆虫，即为众多小虫。

78. 孝：上部为"老"，指老人；下部为"子"，指小孩。字义为小孩搀扶老人。

79. 束：从木从口；口，古"围"字。意为用一根绳子将树枝捆扎起来。束的本义为"捆"。

80. 走：字形上部为个人挥动双臂奔跑的形状，下部为"止"，表示一只大脚。字义为奔跑。

析	为	乳	向	名	年	昆	孝	束	走
𣂷	𤕦	𠃚	𠁥	𠱩	𠡠	𥊑	𡥫	𣍏	𧾷

81. 时：从日从土从寸（手）。表示在土地上测量太阳的位置。人们根据太阳运行的位置来确定春夏秋冬四季。

82. 没：从水从回从手。表示被淹于漩涡中的人挥手挣扎。回，即洄，旋涡。意为一个人被旋涡淹毙。

83. 坐：从人从土，表示两人相对着坐在土炕上。

84. 谷：从水从口，口表示通道。本义为水从山谷流出。谷，山涧。水出山为山涧，山涧的水汇入山溪，山溪之水汇入川流。

85. 秃：从禾从兀。表示庄稼不结穗。本义为庄稼茎稍光裸不结穗。喻指光头。

86. 间：从门从月。表示门缝里有月光照进来。本义为缝隙，空隙。

87. 忍：从刃从心。字义为用刀割心。表示心痛如割，但强迫坚持。

88. 取：左为"耳"，右为"手"。表示手持耳朵。字义为捕取。

89. 戍：从人从戈。表示一个人扛着戈去打仗守卫边疆。本义为戍边。

90. 奋：上为大，中为佳（鸟），下为田。字义为一只大鸟正奋力飞翔在田野上。

时	没	坐	谷	秃	间	忍	取	戍	奋
時	沒	坐	谷	秃	閒	忍	取	戍	奮

91. 罗：从网从糸从佳。意为用丝绳网捕鸟。

92. 具：上为鼎，下为廾，廾为双手。本义为双手举鼎。古人祭祀时，将物品装在鼎中，双手举鼎，放到神灵面前，准备祭祀。

93. 败：从贝从攴（pū），攴，手持木棒。表示手持木棒将贝壳毁坏。字义为毁坏珍宝。

94. 季：上为禾，下为子。会意为幼嫩的禾苗。引申为年纪最小者。如季父，就是幺爸。

95. 定：从宀（房屋）从正（足），表示足停在家中。意为住在家中表示安定。

96. 观：左为雚，像张着两只角睁开大眼的猫头鹰；右为见。会意为反复地看，仔细地看。

97. 学：上部分左右两边为双手，中间为爻，古代计数的算筹；中间为"宀"（房屋），下面为"子"，指小孩。字义为一个人双手拿着算筹在家中教小孩。

98. 威：《说文解字》："姑也。从女，从戌。"

99. 章：《说文解字》："乐竟为一章。从音，从十。十，数之终也。"十，表示十进位数的末尾。十，不是数目，而是"竟"的意思，表示终结、结束。

100. 楚：从林从足。双木，表示丛木，一名荆；足，表示人行走。字义为一个人在荆棘中行走。本义为带棘的灌木。

罗	具	败	季	定	观	学	威	章	楚
羅	具	敗	季	定	觀	學	威	章	楚

101. 盈：该字甲骨文字形上部左右是两个人，余部为益，意为两人进入浴缸，浴缸里的水满溢。

102. 寒：《说文解字》："冻也。"字形采用"宀、人、茻、仌（冰）"会义，表示天气寒冷结冰，人在屋子里用草褥垫盖御寒。

103. 往：左为双人旁"彳"，意为行走；右上为"止"，代表行走的脚，右下为"王"，指贤君。会意，意为用脚行走，投奔君王。

104. 收：从丩，从攴。左为用绳索捆绑，右为手持器械。意为捆绑罪犯，并加以打击。

105. 戒：上部为戈，下部为两只手，意为双手持戈，警惕备战。

106. 律：左为双人旁，意为行动；右为一只手拿着一支笔。表示在书写规则。该字本义为写入法典供人们遵行的准则、规范。

107. 丽：上部为一对鹿角，下部为鹿身形状。本义为长在鹿头上漂亮的鹿角。

108. 珍：左为玉，右为㐱，㐱，指浓密的头发，代指须发飘逸的长者。本义为长者传给下一代的珍宝。

109. 重：从人，从东（東，表示行囊），从土。意为一个人背着沉重的行囊在土地上行走，即负重远行。

110. 海：从水从每。每，指妇女生育。该字本义为水之母、水之源。

盈	寒	往	收	戒	律	丽	珍	重	海
𝌫	𩂖	𢔛	𢿃	𢍰	𢼊	𤫌	𤩠	𥆾	𣸣

111. 制：从未从刀。意为用刀修剪树枝。

112. 服：左为方形木枷，中为人，右为手。意为把一个人的头限制在木枷上。表示抓捕罪犯，强制上枷，使其屈从。

113. 殷：左为身，一个妇女怀孕的样子；右为殳（shū），像一只手拿着一件敲击乐器。该字本义为怀孕的妇女演奏音乐。

114. 朝：左为太阳隐没在草丛中，右边为一轮残月。字义为残月当空照，红日冉冉升的早晨。

115. 垂：甲骨文为𣖄，像树枝垂向地面；后来在字的最下面加了一个圈，写为"𣗄"，表示果实；再后来，在演化中用"土"字代替果实，表示树枝因果实累累坠向地面，成了"𡍮"。

116. 祝：从示从人从口，左为祭祀的桌子，右上为一张开的大口，右下为一人字。本义为祭奉神灵，祷告求福。

117. 汤：从水从易，右为"阳"的本字。本义为被太阳照得温暖的水。故《说文解字》曰："热水也。"

118. 望：从臣从月，臣，是竖着的眼睛，指向下看；月，指月圆之夜；壬，甲骨文写为"𡈼"，从人从土，表示人站在土墩之上。本义为月圆之夜站在高处远望，怀想远方的人。后在演化过程中，左上角的"臣"变为"亡"，写为"𡀼"，表示望月怀想出门在外的人。

119. 解：从角从刀从牛。本义为剖牛，取牛角。

120. 圣：从土从又，意为用手供奉土地神。本义为神奇完美的土地神。《说文解字》认为"致力于地曰圣"，意为人们把致力于土地开发利用称作"圣"。

制	服	殷	朝	垂	祝	汤	望	解	圣
𣏎	𦩑	𣪊	𪿗	𡉚	祝	湯	𦣻	解	𡉽

附录二 《说文解字·叙》解说

[前言]

《说文解字》是我国历史上第一部字典。其保存了大部分先秦字体以及汉代和汉代以前的不少文字训诂，反映了古代政治、经济、文化、风俗习惯等，并且比较系统地提出了分析文字的理论，对我们学习和研究汉字都具有巨大的意义。

许慎在《说文解字·叙》里对自己研究文字的成果进行了高度概括。具体说来主要有以下几方面：书契产生的过程，文字的宣教明化之功，文、字和书的概念，汉字六书，汉字字体的演变等。汉代以前重大的文化事件如孔壁遗书、焚书坑儒、书同文等，在《说文解字·叙》里均有提及。同时，许慎在《说文解字·叙》里，对《说文解字》的著述背景、编排次序、编排原则等进行了一一说明。

学习《汉字钩玄》，必须先读《说文解字》；读《说文解字》，必须先读《说文解字·叙》。鉴于《说文解字·叙》文字古奥，意义艰深，难以理解，因此笔者对《说文解字·叙》逐节解说，现附录于此，以飨读者。

[原文]

古者庖牺氏①之王天下也，仰则观象于天，俯则观法②于地，视鸟兽之文③与地④之宜⑤，近取诸身，远取诸物，于是始作

《易》八卦，以垂⑥宪象⑦。及神农氏结绳为治，而统其事，庶⑧业其繁，饰⑨伪⑩萌生。黄帝之史⑪仓颉，见鸟兽蹄远⑫之迹，知分理⑬之可相别异也⑭，初造书契（即文字）。"百工以义⑮，万品以察⑯，盖取诸夬⑰"；"夬，扬⑱于王庭"⑲。言文者宣教明化于王者朝廷⑳，君子㉑所以施禄及下㉒，居德㉓则忌㉔也。

　　[注释]

　　①庖牺：伏羲。

　　②法：法象，现象。

　　③文：错画也。象交文。今字作纹。

　　④与地：一说为"舆地"，即"与"之繁体"與"通"輿"，"与地"即"舆地"。"舆地"，以车喻地，即大地之意。

　　⑤宜：通"仪"，仪象，或法度。

　　⑥垂：示也。

　　⑦宪象：观测推算天象。

　　⑧庶：众多。

　　⑨饰：假托、掩饰。

　　⑩伪：作伪、虚假；饰伪，即巧饰伪诈。

　　⑪史：史官。

　　⑫远：háng，兽迹也。

　　⑬理：文理。

　　⑭知分理之可相别异也：悟出纹理有别而鸟兽可辨。

　　⑮义：yì，治理。

　　⑯察：分辨、明察。

　　⑰夬：guài，《说文解字》："分决也。"即断决、分辨。

　　⑱扬：传播。

　　⑲夬，扬于王庭：使万物分辨明晰了，然后在王者朝廷上予以传播。

　　⑳言文者宣教明化于王者朝廷：说的是文字是王者在朝廷宣

明教化的工具。

㉑君子：王臣百官。

㉒下：下层庶民。

㉓居德：蓄德。

㉔则忌：一说为"明忌"。

[今译]

古代伏羲氏统治天下的时候，上则观察星象于天，下则观察现象于地，又看到鸟兽的纹理和地理的形状，近则取法于身，远则取象于物，于是开始创作八卦，用它来表示法定的图像。至神农时代，用结绳的办法记录事物，诸事繁杂，饰伪的事情不断发生。黄帝的史官仓颉，看到鸟兽足迹，知道纹理可以互相区别，始创造了文字。"百工以乂，万品以察，大概取象于分别"；"分别了，扬于王庭"，这就是说，文字在王者朝廷里是宣教明化的，是百官用以对下布施教化、增修德行的一种方法。

[解说]

该节谈书契产生过程为：八卦—结绳—书契。不过这一顺序并不合史实。接着指出了文字的功用，可用于治理百工，明察事理、宣明教化、修养品德、明白法规等。

[原文]

仓颉之初作书，盖依类象形，故谓之文。其后形声相益，即谓之字。文者，物象之本也。字者，言孳乳①而浸②多也。著于竹帛谓之书，书者如③也。以迄五帝④三王⑤之世，改易⑥殊体⑦。封于泰山者七十有二代，靡⑧有同焉。

[注释]

①孳乳：繁殖，泛指派生。

②浸：一作寖，渐也。

③如：《说文解字》："从随也"。一曰若也，同也。

④五帝：有多种说法，较常见的一种指黄帝、颛顼帝、帝

喾、尧、舜。

⑤三王：指夏禹、商汤、周文王。

⑥改易：改变。

⑦殊体：不同的形体。

⑧靡：无。

［今译］

　　仓颉在开始创造文字的时候，大抵是依照事物的形象画出它们的图形，所以叫作"文"。后来形旁声旁相互结合才称为"字"。"文"是表示事物的本然现象，"字"是由文滋生而来的。写在竹帛上的叫作"书"，"书"就是"如"的意思。到了五帝三王的时代，文字逐渐改变成不同形体。在泰山祭天地的有很多朝代，使用的文字却不尽相同。

［解说］

　　该节解说文、字、书的概念。要把握汉字玄理，文、字、书的本义不可不知。独体为"文"，合体为"字"，盖源于此。

［原文］

　　《周礼》：八岁入小学，保氏①教国子②先以六书③。一曰指事。指事者，视而可识，察而见意，上下是也。二曰象形。象形者，画成其物，随体诘诎④，日月是也。三曰形声。形声者，以事为名，取譬⑤相成，江河是也。四曰会意。会意者，比⑥类⑦合谊⑧，以见指㧑⑨，武信是也。五曰转注。转注者，建类⑩一首⑪，同意相受⑫，考老是也。六曰假借。假借者，本无其字，依声托事，令长是也。

［注释］

①保氏：官名。

②国子：公卿大夫之子弟。

③六书：指事、象形、形声、会意、转注、假借。

④诘诎：jié qū，弯曲。

⑤譬：喻也。

⑥比：比合、组合。

⑦类：字类、字群。

⑧谊：义之本字，义乃谊之假借字。

⑨指扐：指向。

⑩建类：造字类。

⑪首：统一其部首。

⑫受；加也。

［今译］

周朝的制度，儿童八岁入小学，保氏先用"六书"来教育王室的子弟。第一种叫作指事。所谓指事，就是一见就能认识，细致观察便可了解它的意义，上下二字就是这样。第二种叫作象形。所谓象形，就是画成一件事物，随着它的形体而曲折，日、月二字就是这样。第三种叫作形声。所谓形声，就是根据事物造字，再取一个近似的声符配合而成，江、河二字就是这样。第四种叫作会意。所谓会意，就是组合两个以上的字，表示一个新的意义，武、信二字就是这样。第五种叫作转注。所谓转注，就是说造这种文字要统一部首，用一个同义的字辗转注释，考、老就是这样。第六种叫作假借。所谓假借就是本来没有这个字，借用一个同音字来表示这个概念，令、长二字就是这样。

［解说］

该段解说的"六书"的概念，是序里最核心的内容，为后世广泛引用，是许慎最大的贡献。一般认为，前四种为造字之法，后两种为用字之法。

［原文］

及宣王太史籀著《大篆》十五篇，与古文或异①。至孔子书六经，左丘明述《春秋传》，皆以古文，厥意②可得而说③（这几句意思是：直到孔子编写六经，左丘明写春秋传，都用古文，字

的意义还能够说明）。其后诸侯力政④，不统于王，恶礼乐之害
己⑤，而皆去⑥其典籍⑦。分为七国，田畴异亩，车途异轨，律
令异法，衣冠异制，言语异声，文字异形。秦始皇初兼天下，丞
相李斯乃奏⑧同⑨之，罢⑩其不与秦文合⑪者。斯作《仓颉篇》，
中车府令赵高作《爰历篇》，太史令胡毋敬作《博学篇》，皆取⑫
史籀大篆，或颇省改⑬，所谓小篆者也。是时秦烧灭经书⑭，涤
除⑮旧典，大发隶卒，兴役戍，官狱职务繁，初有隶书，以趣约
易⑯，而古文由此绝矣。自尔秦书有八体：一曰大篆，二曰小
篆，三曰刻符⑰，四曰虫书⑱，五曰摹印⑲，六曰署书⑳，七曰殳
书㉑，八曰隶书㉒。

[注释]

①与古文或异：谓与仓颉之古文稍有不同。

②厥意：厥，其也，指示代词；厥意，文字构成之义。

③说：说明。

④力政：政，即征。力政：以武力相征伐。

⑤恶礼乐之害己：讨厌礼乐妨害自己。

⑥去：废弃。

⑦典籍：典章书籍。

⑧奏：上奏。

⑨同：同一、统一。

⑩罢：删除。

⑪合：相合。

⑫取：采用。

⑬或颇省改：或者有很大的简化和改变。

⑭烧灭经书：指焚书坑儒。

⑮除：废除。

⑯以趣约易：以求简便。

⑰刻符：刻于符信之体。

⑱虫书：象鸟虫之形，书写幡信之体。幡信，即旗帜之类。

⑲摹印：规摹印章之体。

⑳署书：题署之体。

㉑殳书：殳，shū，兵器；殳书，刻于兵器之体。

㉒一曰大篆，二曰小篆，三曰刻符，四曰虫书，五曰摹印，六曰署书，七曰殳书，八曰隶书：自刻符以下《汉书·艺文志》谓之六技，其中除隶书外，大约都是大篆、小篆之艺术体。

［今译］

到周宣王的时候，有一位名叫籀的太史作的大篆十五篇，跟古文稍有不同。直到孔子编写六经，左丘明写《春秋左氏传》，都用古文，字的意义还能够说明。此后，各国诸侯互相征伐，不服从周天子，他们认为礼乐妨害自己，于是都废弃旧时的典章书籍。当时天下分为七国，各国田亩划分的制度不同，车路轨道的宽窄不同，法律制度不同，衣冠形式不同，语言的声音不同，文字的形体也不同。秦始皇统一天下以后，丞相李斯上书建议把这些混乱现象统一起来，废除那些与秦朝文字不同的书写形式。李斯作《仓颉篇》，中车府令赵高作《爰历篇》，太史令胡毋敬作《博学篇》，都是取史籀大篆，或者稍微进行一些改变或简化，这就是人们所说的小篆。这时，秦王朝烧毁了经书，废除了过去的典籍，大量发动隶卒，兴起役戍。行政事务，监狱案件也一天天繁杂起来，为求简便，隶书产生，于是古文便少用或不用了。自此以后秦国文字有八种体式：一叫大篆，二叫小篆，三叫刻符，四叫虫书，五叫摹印，六叫署书，七叫殳书，八叫隶书。

［解说］

该节谈周秦文字的变更。说明了秦朝统一文字的缘由，交代了隶书字体的缘起。这些都是文字发展变化的重要事件和内容。

［原文］

汉兴有草书①。尉律②：学僮十七以上始试，讽籀书九千字乃得为吏③；又以八体试之④。郡移太史并课⑤，最者⑥以为尚书史。书或不正，辄举劾⑦之⑧。今虽有尉律，不课，小学⑨不修，莫达⑩其说⑪久矣。孝宣皇帝时，召通仓颉读⑫者，张敞从受之⑬；凉州刺史杜业、沛人爰礼、讲学大夫秦近，亦能言之。孝平皇帝时，征礼等百馀人令说文字未央廷⑭中，以礼为小学元士⑮，黄门侍郎扬雄采⑯以作《训纂篇》。凡《仓颉》以下十四篇，凡五千三百四十字，群书所载，略存之矣。及亡新居摄⑰，使大司空甄丰等校文书⑱之部。自以为应制作⑲，颇改定古文。时有六书：一曰古文，孔子壁中书也；二曰奇字，即古文而异者也；三曰篆书，即小篆，秦始皇帝使下杜人程邈所作也；四曰佐书，即秦隶书；五曰缪篆，所以摹印也；六曰鸟虫书，所以书幡信也。

[注释]

①段玉裁曰："按草书之称起于草稿……其各字不相连绵者曰章草，晋以下相连绵者曰今草。"草书之特征有二：一简化，二连绵。

②尉律：廷尉之法律。

③讽籀书九千字乃得为吏：讽，背文也；籀，紬绎理解之意。讽籀者谓讽诵理解也。紬，chōu，抽引，理出丝缕的头绪。有人说：籀书九千文，是用籀文所写之文长达九千字，也通。

④试之：试用秦之八体使之书写之。

⑤并课：并试。

⑥最者：成绩最优者。

⑦辄举劾：以法纠有罪也。

⑧书或不正，辄举劾之：吏民上书，书写如不合规格者，即举而纠之。

⑨小学：文字之学谓之小学者。

⑩达：明白。

⑪其说：文字构形之说。

⑫仓颉读：谓李斯所作仓颉篇之说解。读，即说解。

⑬从受之：从之受业。

⑭未央廷：未央宫。

⑮元士：博士。

⑯采：采取会议讲学讨论之结果。

⑰亡新居摄：亡新，指王莽。摄，摄政，指王莽代汉自立。

⑱大司空甄丰：大司空，官名。甄丰，人名。

⑲自以为应制作：谓应王莽之命而作。

[今译]

汉朝初年，出现了草书。廷尉的法律规定：学童十七岁以上才得应考，能讽诵理解九千字的文章才能允当史官；同时也要考查秦代八体的写法。地方送到朝廷去会试，成绩最好的录取为尚书史。书写有不正确的就检举处分他。现在虽然还有廷尉的法令，可是并不考试，小学也不讲求，一般人早就不懂得文字的道理了。孝宣皇帝的时候，召集了精通《仓颉篇》的人，派张敞跟他学习。此外，凉州刺史杜业、沛人爰礼、讲学大夫秦近，也能够讲授文字的知识。孝平皇帝时，征聘爰礼等百多人，在未央宫中讲述文字，封爰礼作小学博士。黄门侍郎扬雄采集他们所讲的编成《训纂篇》。合计《仓颉篇》到《训纂篇》共十四篇，共计五千三百四十字，各书所记载的文字大致都有保存。到王莽摄政的时候，曾派大司空甄丰等人校正文字。甄丰自以为奉命而作，对古文有些改定。当时有六书：第一种叫作古文，是从孔壁中得到的文字。第二种叫作奇字，为古文的异体。第三种叫作篆书，为小篆。第四种叫作佐书，即秦时的隶书，是秦始皇命令下杜人程邈所作的。第五种叫作缪篆，是用来摹刻印章的字体。第六种叫作鸟虫书，是用来写在旗帜或符节上的。

[解说]

本节略述汉代对文字的传习、整理。由此可见历代统治者，对文字的整理、校正都很重视。

[原文]

壁中书者①，鲁恭王坏孔子屋而得《礼记》《尚书》《春秋》《论语》《孝经》。又北平侯张苍献《春秋左氏传》，郡国亦往往于山川得鼎彝，其铭即前代之古文，皆自相似。虽叵复见远流，其详可得略说也②。

[注释]

①壁中书者：壁中书，以古文出于壁中故谓之壁中书。晋人谓之蝌蚪文，则以周时古文头粗尾细，有似蝌蚪之故。

②虽叵复见远流，其详可得略说也：叵，不可。这是说虽不可再见远古文字之流变，然其构字之详尚可说明。

[今译]

壁中书，就是指武帝时鲁恭王拆孔子住宅时而得到的《礼记》《尚书》《春秋》《论语》《孝经》。又有北平侯张苍所献的《春秋左氏传》，各地又往往在地里挖掘出钟鼎彝器，上面的铭文字体与前代的古文相类似。虽然不能从这些材料看出文字的流变，但其造字详情也可略知一二。

[解说]

该节主要说明古文经和鼎彝文字是可信的。

[原文]

而世人大共非訾①，以为好奇者也，故诡②更正文，向③壁虚造不可知之书，变乱常行④，以耀于世。诸生竞逐，说字解经⑤，喧称秦之隶书为仓颉时书，云：父子相传，何得改易？乃猥⑥曰：马头人为长，人持十为斗，虫者屈中也。廷尉说律，至以字断法，"苛⑦人受钱"，"苛"之字"止句"也。若此者甚众，皆不合孔氏古文，谬于史籍。俗儒鄙夫玩⑧其所习⑨，蔽⑩所希⑪

闻，不见通学，未尝睹字例之条⑫，怪旧艺而善野言，以其所知为秘妙，究洞⑬圣人之微恉⑭。又见《仓颉篇》中"幼子承诏"，因号古帝之所作也⑮，其辞有神仙之术焉。其迷误不谕，岂不悖哉！

［注释］

①非訾：大加非议。

②诡：变也。

③向：先前。

④常行：通行之书，即指隶书。

⑤说字解经：言依秦隶书之形体牵强解字释经。

⑥乃猥：曲也，误也。

⑦苛：诃之假借字，斥责也。

⑧翫：wàn，玩弄。

⑨习：指隶书。

⑩蔽：不明之意。

⑪希：稀。

⑫字例之条：谓构字之条例。

⑬洞：通达。

⑭恉：zhǐ，同"旨"，意也。

⑮又见《仓颉篇》中"幼子承诏"，因号古帝之所作也：言学童承师之教告，而俗儒鄙夫因后世有"君命曰诏"之义，因说《仓颉篇》为古帝所作。

［今译］

然而当时的一些人对这些古文大加非议，认为这是好奇立异，故意变更正规文字，向壁凭空虚构一些难以认识的东西，淆乱通行的文字来炫耀自己。太学的学生都争着解说文字，阐明经义，妄称秦朝的隶书就是仓颉时代的文字。他们说，文字是世代相传的，怎么会改变呢？竟歪曲地说："马头人"是"长"字，

"人持十"是"斗"字，"虫"字是弯曲的"中"字。掌管法律的人说明法律，甚至根据隶书的字形判决案件，把"苛人受钱"的"苛"字说成"止句"，类似这种情况还很多。这些都同孔壁中的古文不合，也不合于大篆。可是庸夫俗子玩弄他们的所学，不明了他们所少见的东西，既没有看到宏通的学者，也没有明白文字的条例，把旧艺当作怪异，把野言当成宝贝，认为自己所知道的是非常奥妙的东西，认为自己透彻地领会了圣人的深意。他们又看到《仓颉篇》中有"幼子承诏"这句话，就说《仓颉篇》是古代帝王所作的，这里面还记载着神仙的法术哩！这样迷误不明，难道不是悖乱吗！

［解说］

此节揭露世人反对古文的无知以及关于隶书的谬说。许慎说明这些无知和可笑的事例，意在说明自己著述《说文解字》的必要性和重要性。

［原文］

《书》曰："予欲观古人之象。"言必遵修旧文①而不穿凿。孔子曰："吾犹及史之阙文，今亡也夫！"盖非其不知而不问，人用己私，是非无正，巧说衺②辞，使天下学者疑。盖文字者，经艺③之本，王政之始，前人所以垂后，后人所以识古。故曰："本立而道生""知天下之至啧④而不可乱也"。

［注释］

①旧文：古代的记载。

②衺：xié，同邪，不正也。

③经艺：经传子史。

④啧：应为"赜"，深奥。

［今译］

《尚书》说："我想看古人之象。"这就是说，必须遵守古代的记载，而不应穿凿附会。孔子说："我还看到过古史上的阙文，现在没有了啊!"这就是批评不懂不问、各逞己见、是非无定、巧言邪说,使天下学者疑惑的那些人。文字是经艺的基础,也是政治的基础,前人用它,将文化传给后人,后人用它认识古代文化。所以说:"基本建立了,其他事物才能产生""知道天下的深奥道理就不可错乱"。

[解说]

本节阐述著作《说文解字》的用意——修古,高度概括了文字的巨大作用,文字是经艺的基础,是政治的基础,是一切人类活动的出发点。根本的东西不能错乱。

[原文]

今叙篆文,合以古籀,博采通人①,至于小大,信而有证②。稽撰③其说,将以理④群类⑤,解谬误,晓学者,达神恉⑥。分别部居⑦,不相杂厕⑧。万物咸覩⑨,靡不⑩兼载⑪。厥⑫谊不昭⑬,爰明以谕⑭。其称⑮《易》,孟氏;《书》,毛氏;《礼》;《周官》;《春秋》,左氏;《论语》;《孝经》;皆古文也。于其所不知,盖阙如⑯也。

[注释]

①博采通人:博,广也;通人,学识渊博的专家。

②信而有证:信,可信也;证,证据也。

③稽撰:稽,稽考;撰,诠释。

④理:解释。

⑤类:字类。

⑥神恉:深奥之旨,此谓文字结构之神妙意义。

⑦部居:部类。

⑧厕:置也,放置。

⑨覩:睹。

⑩靡不:无不。

⑪兼载:尽记也。

⑫厥：其也，代词。

⑬昭：昭，明也。

⑭谕：谕，告也。

⑮称：称，举也，犹今言征引，引证。

⑯阙如：阙，即缺；阙如，即阙略不言之意。

[今译]

我现在编次小篆和古文籀文，广泛地采取专家的意见，至于各种解释，都是可信而有证据的。稽考诠释那些解说，目的在于拿它解释文字、剖析错误，告诉读者通达文字构造的深意。对各字分别按部类排列，不使杂乱。在这里，万事万物都可以看到，没有什么遗漏。那些意义不明的就清楚地加以说明。书中所引《周易》是孟氏本；《尚书》是孔氏本；《诗经》是毛氏本；《礼经》《周官》《左氏春秋》《论语》《孝经》都是古文经。至于那些还不清楚的，只好不发表意见了。

[解说]

本节说明编书的体例。广泛收集资料，做到信而有据；分别按部类排列，不使杂乱；说明了引文的来源，并特地指出不明白的，不发表意见，并予说明。

《说文解字》后叙

[原文]

叙曰此十四篇五百四十部。九千三百五十三文，重一千一百六十三，解说凡十三万三千四百四十一字。其建首也，立一为耑①。方以类聚，物以类分。同条牵属，共理相贯。杂而不越，据形系联。引而申之，以究万原。毕终於亥，知化穷冥。

[注释]

①耑：duān，同“端”。

[今译]

《说文解字·叙》一文开列了十四篇五百四十部的目录。（本书收编汉字）九千三百五十三个，重文一千一百六十三个，解说及叙总计十三万三千四百四十一字。本书在部首排列上，把"一"部放在开头，这是因为"一"为万物之始。将表示各种方物的字以含有共同构造成分聚合为一部，排列在一起，以不含有共同构造成分而分散为不同的字群；同部之字意义上有联系，其排列的顺次以字义类别的逻辑关系相贯穿；部与部之间主要是根据形体特征有无共同之处相联缀，部首虽多，各得其序，不相逾越。明乎此，部首在书中的位置，字在部中的顺序，一目了然，翻检起来非常方便，借此可以探究各个方面的学问。最后一个部首是亥，亥该同音，该表示该尽，象征着通晓了文字即可通晓世间万物，明白其变化的因缘，进而洞察其背后的奥秘。

[解说]

此节先说明《说文解字》共十四部分，五百四十个部首；再说解析的字数、重文字数以及全书总字数；最后说明全书从"一"开始，以"亥"结束，"同条牵属，共理相贯"等编排的原则和理由。

[原文]

于时大汉，圣德熙明。承天稽唐，敷崇殷中①，遐迩被泽，渨衍沛滂。广业甄微，学士知方，探赜②索隐，厥谊③可传。粤④在永元，困顿⑤之年，孟陬之月，朔日甲申。

[注释]

①敷崇殷中：布崇峻之盛德，正四时之政。"殷中"即《尚书·尧典》"以殷仲春""以殷仲秋"等意，古时以授时为首政。

②赜：同"赜"，深奥。

③谊：同"义"。

④粤：同"曰"，文言助词，用于句首或句中。

⑤困顿：永元十二年（100）为庚子年，《尔雅》称，岁在庚曰上章，岁在子，曰困顿。此仅称困顿，系简称。

［今译］

时在汉朝，圣德熙熙，灿如日明，光武皇帝上承天命，稽考唐尧故事，以为法式；敬天勤民，修明国家政务，大获成功。无论远近，皆被其恩泽；不分贵贱，都蒙其雨露。这恩泽如雨如潮极大极盛。（皇家）隆兴学业，选拔人才不遗细民百姓；学士们知道治学之要，探究文字蕴涵的精微的道理，他们的见解可以传示后人。这时为汉和帝永元十二年正月初一。

［解说］

该节主要说明编著《说文解字》的时势背景。皇上重视文教，广施恩泽；学士们治学严谨，积极探究。因此有必要将他们的成果总结、汇集，传之后世。

［原文］

曾曾①小子，祖自炎、神。缙云相黄②，共承高辛，太岳佐夏。吕叔作藩，俾侯於许，世祚遗灵。自彼徂③召，宅此汝濒。

［注释］

①曾：zēng，谦辞，犹"末"。

②黄：黄帝。

③徂：cú，往，去。

［今译］

我虽为一个微末的后代子孙，远祖却始自炎帝神农氏。远祖缙云氏辅佐过黄帝，远祖共工氏奉承过高辛氏帝喾，远祖太岳氏辅佐过夏禹。周时有吕叔被周天子武王分封到许，建立许国，以为周王室的藩屏；托庇祖宗护佑，许氏世代相继。自那以后许家又从许地迁到汝南，从此我的嫡宗就安居在汝水边。

［解说］

本段介绍自己的家世，表明自己是帝室之胄，辨证文字，助力教化，分所应当。

[原文]

窃卬①景行，敢涉圣门。其弘如何？节②彼南山，欲罢不能。既竭愚才，惜道之味③，闻疑载疑。演赞其志，次列微词。知此者稀，傥④昭所尤，庶有达者理而董⑤之。

[注释]

①卬：yǎng，同"仰"，仰慕。

②节：形容山势之高峻。

③惜道之味：万分珍惜文字之道的醇正。

④傥：tǎng，倘。

⑤董：屈原《楚辞·九章·涉江》："余将董道而不豫兮，固将重昏而终身。"董道，正道。

[今译]

我仰慕圣人，不揣冒昧想挨近圣人之门。圣门高大得怎样？像南山一样崔嵬。我想中途作罢，但又不能。我已经用尽了鲁钝之才，万分珍惜文字之道的醇正，恐其变味变质。有时义不能决，只好闻疑载疑，留待后世贤人君子正之。一心想着推阐、赞明古人立文造字之道，依次第列叙每个字的说解，指明其奥妙所在。社会上明白这种学问的人甚少，无从取正，如果明白地揭示出自己的过误之处，尚望通达的人，指明纠正。

[解说]

本段阐述作者著述之矢志不渝，重申自己多闻阙疑、实事求是的治学态度。

附录三　孙过庭《书谱》解说

[前言]

　　本书名为《汉字钩玄》，笔者以为书法以其艺术之玄妙，应为其重要篇章。随着书法热的兴起，书法的功用、价值、鉴赏等话题，常为文化人津津乐道，但是系统全面介绍书法且达到较高境界的作品难得一见。近来，笔者详细研读了唐代书法家兼理论家孙过庭的《书谱》，真有拨云雾见青天之感。文章字字珠玑，内容广博，义理深邃，对书法艺术价值功用、最高境界和书法创作的规律，均有精妙的论述。其中既有对书法历史的品评，又有对书法现实的批判，更有对书法理想的追求。与孙过庭同时代的大文豪陈子昂在《祭文》中称赞："君之逸翰，旷代同仙。"将孙过庭和汉魏时期的楷书之祖钟繇（yáo）相比拟，其书法及影响，可见一斑。为了便于大家了解这一书法名著，本人虽初涉书法，亦不揣学力浅薄，挽袖上阵，对《书谱》做一粗略解说。以期大家通过本文对汉字玄妙有更深的感悟。

[原文]

　　夫自古之善书者，汉魏有钟张之绝，晋末称二王之妙。王羲之云："顷寻诸名书，钟张信为绝伦，其余不足观。"可谓钟张云没，而羲献继之。又云："吾书比之钟张，钟当抗行，或谓过之。张草犹当雁行①。然张精熟，池水尽墨，假令寡人耽之若此，未必谢之。"此乃推张迈钟之意也。考其专擅，虽未果于前规；摭②以兼通，故无惭于即事。

[注释]

　　①雁行：居于前的行列。

　　②摭：zhí，选取。

[今译]

古代以来，擅长书法的人，在汉、魏时期有钟繇（yáo）和张芝的卓绝书艺，在晋代末期有王羲之和王献之的墨品精妙。王羲之说："我近来研究各位名家的书法，钟繇、张芝确实超群绝伦，其余的不值得观赏。"可以说，钟繇和张芝死后，王羲之、王献之继承了他们。王羲之又说："我的书法与钟繇、张芝相比，和钟繇不相上下，或者略超过他。可与张芝的草书前后相列；因为张芝精研熟练，临池学书，把池水都能染黑了，如果我也像他那样下功夫刻苦专习，未必赶不上他。"这是推举张芝、自认超越钟繇的意思。考察王羲之父子书法的专精擅长，虽然还未完全实现前人法规，但能博采兼通各种书体，也是无愧于书法这项事业的。

[解说]

本段为《书谱》开端。作者从历史人物切入，引出后面关于书法创作、审美诸多问题。书法作为一门艺术，出现了众多艺术大师，那么最为杰出的是哪些人呢？孙过庭认为：汉末草圣张芝、三国时期被称为"楷书之祖"的钟繇、晋代王羲之王献之父子四位最为著名。

[原文]

评者云："彼之四贤，古今特绝；而今不逮古，古质而今妍。"夫质以代兴，妍因俗易。虽书契之作，适以记言；而淳醨①一迁，质文三变，驰骛②沿革，物理常然。贵能古不乖时，今不同弊，所谓"文质彬彬，然后君子"。何必易雕宫于穴处，反玉辂③于椎轮④者乎！

[注释]

①淳醨：厚薄；醨，音lí。

②驰骛：奔走。

③辂：lù，古代帝王所乘之车。

④椎轮：chuí lún，原始的无辐车轮。

[今译]

书法评论者说："这四位才华出众的书法大师，可称得上古今独绝。但是今人（二王）还不及古人（钟、张），古人的书法风尚质朴，今人的书法格调妍媚。"然而，质朴风尚因循时代发展而兴起，妍媚格调也随世俗变化在更易。虽然文字的创造，最初只是为了记录语言，可是随着时代发展，书风也会不断迁移，由醇厚变为淡薄，由质朴变为华丽；继承前者并有所创新，是一切事物发展的常规。书法最可贵的，在于既能继承历代传统，又不背离时代潮流；既能追求当今风尚，又不混同他人的弊俗。所谓"文采与质朴相结合，才是清雅的风度"。何必闲置着华美的宫室去住古人的洞穴，舍弃精致的宝辇而乘坐原始的牛车呢？

[解说]

本段从时人对四位大师的比较引出话题，进入对历史和美学的评论。作者认为，审美时尚和趣味与时代关联，追求质朴或妍美，是不同的时代使然；"今不逮古"等厚古薄今观点是不对的。作者肯定了审美发展的合理性，表现了他作为书论家的远见卓识。

[原文]

又云："子敬之不及逸少，犹逸少之不及钟张。"意者①以为评得其纲纪，而未详其始卒也。且元常专工于隶书，伯英尤精于草体，彼之二美，而逸少兼之。拟草则余真，比真则长草，虽专工小劣，而博涉多优；总其终始，匪无乖互②。

[注释]

①意者：测度，表示大概，或许。

②乖互：抵触，不合。

[今译]

评论者又说："献之的书法之所以不如羲之，就像羲之的不如钟繇、张芝一样。"我认为这已评论到问题的要处，但还未能详尽说出它的始末缘由。钟繇专工隶书，张芝精通草体，这两人的擅长，王羲之兼而有之。比较张芝的草体王羲之还擅于楷书，对照钟繇的楷书王羲之又长于草体；虽然专精一体的功夫稍差，但是王羲之能广泛涉猎、博采众长。总的看来，彼此各有短长。

[解说]

本段解释了张芝、钟繇、王羲之、王献之四人在艺术上各自的擅长超拔之处，以及他们各自应该有怎样的历史定位。钟张各有专擅，王羲之则是真草皆精。王羲之的优秀是全面的、多方面的。

[原文]

谢安素善尺牍，而轻子敬之书。子敬尝作佳书与之，谓必存录，安辄题后答之，甚以为恨。安尝问敬："卿书何如右军？"答云："故当胜。"安云："物论①殊不尔。"子敬又答："时人那得知！"敬虽权以此辞折安所鉴，自称胜父，不亦过乎！且立身扬名，事资尊②显，胜母之里，曾参不入。以子敬之豪翰，绍右军之笔札，虽复粗传楷则，实恐未克箕裘③。况乃假托神仙，耻崇家范，以斯成学，孰愈面墙④！后羲之往都⑤，临行题壁。子敬密拭除之，辄书易其处，私为不恶⑥。羲之还，见乃叹曰："吾去时真大醉也！"敬乃内惭。是知逸少之比钟张，则专博斯别；子敬之不及逸少，无或疑焉。

[注释]

①论：舆论。

②尊：尊亲，父母。

③箕裘：《礼记·学记》曰：良冶之子，必学为裘；良弓之子，必学为箕。后以"箕裘"比喻祖上的事业。

④面墙：不学而识见浅薄。

⑤都：东晋都城建康，今江苏南京。

⑥恶：è，坏，丑陋。

[今译]

　　谢安素来善写尺牍书，而轻视王献之的书法。王献之曾经精心写了一幅字赠给谢安，不料被对方加上评语退了回来，王献之对此事甚为怨恨。后来二人见面，谢安问王献之："你感觉你的字比你父亲的如何？"答道："当然超过他。"谢安又说："旁人的评论可不是这样啊。"王献之答道："一般人哪里懂得！"王献之虽然用这种话应付过去，但自称胜过他的父亲，这说的不是太过分了吗？况且一个人立身创业，扬名于世，应该让父母同时得到荣誉，才是一种孝道。曾参见到一条称"胜母"的巷子，认为不合人情而拒绝进去。人们知道，王献之的笔法是继承王羲之的，虽然粗略学到一些规则，但其实并未把他父亲的成就全学到手。何况假托神仙授书，耻于推崇家教，带着这种思想意识学习书艺，与面墙而观又有什么区别呢！有次王羲之去都城南京，临行前曾在墙上题字。走后王献之悄悄擦掉，题上自己的字，认为还写得不错。待王羲之回家来，见到后便叹息道："我临走时真是喝得大醉了。"王献之这才内心感到很惭愧。由此可知，王羲之的书法与钟繇、张芝相比，只有专工和博涉的区别；而王献之根本比不上王羲之，则是毫无疑问的了。

[解说]

　　该段通过几个事例说明王献之不及王羲之，同时批评了王献之的狂妄自大。本段和上段，作者通过对比，给出了张、钟、二王在书法历史上的地位；同时对王羲之的书法地位从多方面给予充分肯定。

[原文]

　　余志学之年，留心翰墨，味钟张之余烈，挹①羲献之前规，极虑专精，时逾二纪。有乖入木之术，无间临池之志。观夫悬针垂露之异，奔雷坠石之奇，鸿飞兽骇之资，鸾舞蛇惊之态，绝岸颓峰之势，临危据槁之形；或重若崩云，或轻如蝉翼；导之则泉注，顿之则山安；纤纤乎似初月之出天涯，落落乎犹众星之列河汉；同自然之妙有，非力运之能成；信可谓智巧兼优，心手双畅，翰不虚动，下必有由。一画之间，变起伏于锋杪；一点之内，殊衄②挫于毫芒。况云积其点画，乃成其字；曾不傍窥尺犊，俯习寸阴；引班超以为辞，援项籍而自满；任笔为体，聚墨成形；心昏拟效之方，手迷挥运之理，求其妍妙，不亦谬哉！

[注释]

①挹：yì，酌，取。

②衄：书法术语，即运笔中前行又逆势折回。

[今译]

我少年读书时，就留心学书法，体会钟繇和张芝的作品神采，仿效王羲之与王献之的书写规范，又竭力思考专工精深的诀窍，转瞬过去二十四年，虽然缺乏入木三分的功力，但从未间断临池学书的志向。观察笔法中，悬针垂露似的变异，奔雷坠石般的雄奇，鸿飞兽散间的殊姿，鸾舞蛇惊时的体态，断崖险峰状的气势，临危据槁中的情景；有的重得像层云崩飞，有的轻得若金蝉薄翼；笔势导来如同泉水流注，顿笔直下类似山岳稳重；纤细的像新月升上天涯，疏落的若群星布列银河；精湛的书法好比大自然形成的神奇壮观，似乎进入决非人力所能成就的妙有境界；的确称得上智慧与技巧的完美结合，使人心手和谐双畅，笔墨不做虚动，薄纸必有章法。在一画之中，令笔锋起伏变化；在一点之内，使毫芒顿折回旋。须知，只有练成优美点画，方能把字写好。如果不去专心观察字帖，时刻抓紧埋头苦练；只是空论班超写得如何，对比项羽而感到自满。放任信笔为体，随意聚墨成形；心里根本不遵循摹效方法，手腕也未掌握运笔规律，若想写得十分美妙，岂不荒谬！

[解说]

本段作者结合自己的学书经历，讲书法不同的形式美以及如何表现这种美。孙过庭先说自己潜心书法二十四年，矢志不渝。然后通过比喻、通感、描写等手法，概括介绍了书法中各种各样的形式美，包括点画的线条美、字形的结构美、墨色浓淡干湿的参差美、行笔运笔的节奏美、点线疏密的布局美。孙过庭认为，要表现上述各种各样的美需要具备一定的条件。首先要顺其自然，善于观察、体悟自然的美，以自然为师，反映自然的本质，而不要靠人为造作。其次要在书写中做到"智巧兼优，心手双畅"。认为真正的书法家，每一笔都有内在的激情支撑着，笔不虚动，一动，就有规矩，有表现的内容。"一画之间，变起伏于锋杪；一点之内，殊衄（nǜ）挫于毫芒。"著名红学家周汝昌认为，这两句话是《书谱》里最核心的内容，因为它区别了书法与非书法。只有写字时讲究法度规范，才是进行书法创作，否则就只是写字而已。最后，该段批评了当时学界不重视书法艺术特色和规律，认为书法艺术是雕虫小技，不学也能写好的谬论。

[原文]

然君子立身，务修其本。扬雄谓："诗赋小道，壮夫不为。"况复溺思毫厘，沦精翰墨者也！夫潜神对弈，犹标坐隐之名；乐志垂纶，尚体行藏之趣。讵若功宣礼乐，妙拟神仙，犹埏埴[①]之周穷，与工炉而并运。好异尚奇之士，玩体势之多方；穷微测妙之夫，得推移之奥赜。著述者假其糟粕，藻鉴者挹其菁华，固义理之会归，信贤达之兼善者矣。存精寓赏，岂徒然与？

[注释]

①埏埴：shān zhí，和泥制作陶器。埏，和也；埴，土也。

[今译]

然而君子立身，务必致力于根本的修养。扬雄则说诗赋乃"小道"，胸有壮志的人不会只懂这一行，何况专心思考用笔，把主要精力都埋没在书法中呢！全神贯注下棋者，可标榜一"坐隐"的美名；逍遥自在垂钓者，能体会"行藏"的情趣。而这些又怎比得上书法能起到宣扬礼乐的功用，并具有神仙般的妙术，如同陶工糅合瓷土塑造器皿一般变化无穷，又像工匠操作熔炉铸锻机具那样大显技艺！酷好崇异尚奇的人，能够欣赏玩味字书体态和意韵气势的多种变化；善于精研探求的人，可以从中得到潜移转换与推陈出新的幽深奥秘；撰写书论文章的人，往往只择取接受前人的糟粕，而只有真正精于鉴赏的人，方能得到内涵的精华。经义与哲理本可融为一体，贤德和通达自然可以兼善。汲取书艺精华借以寄托赏识情致，难道能说是徒劳的吗？

[解说]

该段先说君子最根本的是要提高自己的道德修养。书法所记载的经典礼乐制度，可以让书写者忘记世俗的痛苦，获得快乐和妙趣，比下棋、垂钓等游戏活动更能有助于君子立身修本。接下来孙过庭将书法的研习分为了四个层面：一是"玩体势之多方"，着眼于视觉层面；二是"得推移之奥赜"，研究书法艺术的规律；三是著述层面，将书法的外在形式与内在规律记载下来；四是鉴赏品评层面，揭示书法的真正精髓。四个方面都是对生命价值的追求，是君子立身务本的表现。

[原文]

而东晋士人，互相陶淬。至于王谢之族，郗庾之伦，纵不尽其神奇，咸亦挹其风味。去之滋永，斯道逾微。方复闻疑称疑，得末行末，古今阻绝，无所质问；设有所会，缄秘已深；遂令学者茫然，莫知领要，徒见成功之美，不悟所致之由。或乃就分布于累年，向规矩而犹远，图真不悟，习草将迷。假令薄解草书，粗传隶法，则好溺偏固，自阂通规。讵知心手会归，若同源而异派；转用之术①，犹共树而分条者乎？

［注释］

①转用之术：指各种书法技巧。

［今译］

东晋的文人，均互相熏陶影响。至于王、谢大族，郗、庾流派，其书法水平尽管没有尽达神奇的地步，可也具有一定的韵致和风采。然而距离晋代越远，书法艺术就愈加衰微了。后代人听到书论，明知有疑也盲目称颂，即使得到一些皮毛亦去实践效行，这是由于古今隔绝，他人难作质询；某些人虽有所领悟，又往往守口忌谈，致使学书者茫然无从，不得要领，只见他人成功取美，却不明白收效的原因；还有人为掌握结构分布费时多年，但距离法规仍相差甚远。临摹楷书难悟其理，练习草体迷惑不测。即便能够粗略懂得楷书法则和浅薄了解草书笔法，又往往陷于偏陋，背离法规。哪里知道，心手相通犹如同一源泉形成的各脉支流；而转折的技法，则像一颗树上分生出的若干枝条。

［解说］

该段主要讲东晋的书法状况，后世书道传承遇到的困难，以及由此所引发的传承危机。有人听到一些不确定的东西，就盲目传播；有人了解一些细枝末节，就盲目践行；有人悟得一些艺术真谛，却讳莫如深不愿分享；传道的越来越少，相互切磋的氛围逐渐消失，取而代之的是人们的自私之心。从而致使"学者茫然，莫知领要，徒见成功之美，不悟所致之由"。

［原文］

加以趣变适时，行书为要；题勒方幅，真乃居先。草不兼真，殆于专谨；真不通草，殊非翰札①，真以点画为形质，使转为情性；草以点画为情性，使转为形质。草乖使转，不能成字；真亏点画，犹可记文。回互虽殊，大体相涉。故亦傍通二篆，俯贯八分②，包括篇章③，涵泳飞白④。若毫厘不察，则胡越殊风者焉。

［注释］

①翰札：书信。

②八分：字体之一种，一般认为就是汉隶。

③篇章：汉代出现的书写样式，又叫章程书。

④飞白：书法和国画运笔中枯笔时露丝白，称为飞白，汉代出现的一种装饰性的书法样式。

［今译］

谈到应变时用，行书最为要着；对于题榜镌石，楷书当属首选。写草书不兼有楷法，容易失去规范法度；写楷书不旁通草意，那就难称佳品。楷书以点画组成形体，靠使转表现情感；草书用点画显露性灵，靠使转构成形体。草书用不好使转笔法，便写不成样子；楷书如欠缺点画工夫，仍可记述文辞。两种书体虽形态不同，但其规则却大致相通。所以，学书法还要旁通大篆、小篆，融贯汉隶，参酌章草，吸取飞白。对于这些，如果一点也不清楚，其性质就如同北胡与南越的风俗大不相同而属于两码事一样了。

［解说］

该段讲了三个问题：一是不同的书体适用于不同的书写场合，二是真书与草书的不同特征，三是习书时如何融合不同书体。孙过庭着重强调研习草书和楷书，二者技术上有共同点，要相互借鉴。楷书、草书是书法的核心，同时还要研习大小篆，汉隶、章草、飞白等字体。

［原文］

至如钟繇隶奇，张芝草圣，此乃专精一体，以致绝伦。伯英不真，而点画狼藉；元常不草，使转纵横。自兹已降，不能兼善者，有所不逮，非专精也。虽篆隶草章，工用多变，济成厥美，各有攸宜。篆尚婉而通，隶欲精而密，草贵流而畅，章务检而便。然后凛之以风神，温之以妍润，鼓之以枯劲，和之以闲雅。

故可达其情性，形其哀乐，验燥湿之殊节，千古依然；体老壮之异时，百龄俄顷，嗟乎，不入其门，讵窥其奥者也！

［今译］

钟繇的楷书堪称奇妙，张芝荣膺草圣，都是由于他们专精一门书体，才达到无与伦比的境地。张芝并不擅写楷书，但他的草体却具有楷书点画明晰的特点；钟繇虽不以草见长，但他的楷书却有草书笔调奔放的气势。自此以后，不能兼善楷草二体的人，书法作品便达不到他们的水平，也就不能算作是真正的专精。由于篆书、隶书、今草和章草，工巧作用各自多有变化，所以表现出的美妙也就各有特点：篆书崇尚委婉圆通，隶书须要精巧严密，今草贵在畅达奔放，章草务求简约便捷。然后以严谨的风神使其凛峻，以妍媚的姿致使其温润，以枯涩的笔调使其劲健，以安闲的态势使其和雅。这就在一定程度上表达了书者的情性，抒发着他们的喜怒哀乐。察验用笔浓淡轻重的不同风格，从古到今都一样；从少壮到老年不断变化的书法意境，随时可以表露出来。是啊！不入书法门径，又怎能深解其中的奥妙呢？

［解说］

该段先说书法要达到专精，必须融会贯通其他字体。然后指出不同的字体有不同的特点，四种字体均可以用不同的技术来赋予他们不同的风格。书法既可以表达和传递情感，也可以展示书者的性格。一方面书法的笔墨语言永恒不变，所以我们通过书法作品感受古人的情感；另一方面书者的生命状态等细微的信息也能得到传达，是在什么阶段书写的，观者瞬间就能感受。不进入书法精微的艺术世界，也就难以了解其中的奥妙。

［原文］

又一时而书，有乖有合，合则流媚，乖则雕疏，略言其由，各有其五：神怡务闲，一合也；感惠徇知，二合也；时和气润，三合也；纸墨相发，四合也；偶然欲书，五合也。心遽体留，一乖也；意违势屈，二乖也；风燥日炎，三乖也；纸墨不称，四乖也；情怠手阑，五乖也。乖合之际，优劣互差。得时不如得器，得器不如得志，若五乖同萃，思遏手蒙；五合交臻，神融笔畅。畅无不适，蒙无所从。

[今译]

书家在同一个时期作书，有合与不合，也就是得势不得势、顺手不顺手的区别，这与书家本人当时的心情思绪及其所处的气候、环境颇有关系。合则流畅隽秀，不合则凋零流落。简略说其缘由，各有五种情况：精神愉悦、事务闲静为一合，感人恩惠、酬答知己为二合，时令温和、气候宜人为三合，纸墨俱佳、相互映发为四合，偶然兴烈、灵动欲书为五合。与此相反，神不守舍、杂务缠身为一不合，违反己愿、迫于情势为二不合，烈日燥风、炎热气闷为三不合，纸墨粗糙、器不称手为四不合，神情疲惫、臂腕乏力为五不合。合与不合，书法表现优劣差别很大。天时适宜不如工具应手，得到好的工具不如舒畅的心情。如果五种不合同时出现，就会思路闭塞，运笔无度；反之，如果五合一起俱备，则能神情交融，笔调畅达。流畅时无所不适，滞留时茫然无从。

[解说]

本段提出了书法"五合""五乖"。"五合"是指五种适合书法创作的状态，"五乖"是指不适合书法创作的五种状态。孙过庭对心理、环境、工具、灵感等影响创作的因素进行了规律上的总结。

[原文]

当仁者得意忘言，罕陈其要；企学者希风叙妙，虽述犹疏。徒立其工，未敷厥旨。不揆（kuí）庸昧，辄效所明；庶欲弘既往之风规，导将来之器识，除繁去滥，睹迹明心者焉。

［今译］

有书法功底的人，常常是得其意而很少说到其中奥妙，不愿对人讲授要领，企求学书者又每每慕名前来询其奥妙，虽能悟到一些，但多疏陋。空费精力，难得要旨。因此，我不居守个人的平庸昧见，将所知所悟全盘贡献出来，望能光大既往的风范规则，开导后继学者的知识才能，除去繁冗杂滥，使人一见论述即可心领神会。

［解说］

该段阐明创作《书谱》的目的：一是揭示书法创作规律；二是弘扬前贤艺术风采，引导后辈增加见识；三是消除繁复浮华，能使人睹迹明心。

［原文］

代有《笔阵图》七行，中画执笔三手，图貌乖舛，点画湮讹。顷见南北流传，疑是右军所制。虽则未详真伪，尚可发启童蒙。既常俗所存，不藉编录。至于诸家势评，多涉浮华，莫不外状其形，内迷其理，今之所撰，亦无取焉。若乃师宜官①之高名，徒彰史牒；邯郸淳②之令范，空著缣缃③。暨乎崔、杜以来，萧、羊已往，代祀④绵远，名氏滋繁。或藉（jí）甚⑤不渝，人亡业显；或凭附增价，身谢道衰。加以糜蠹⑥不传，搜秘将尽，偶逢缄赏，时亦罕窥，优劣纷纭，殆难觇（luó）缕⑦。其有显闻当代，遗迹见存，无俟抑扬，自标先后。

［注释］

①师宜官：汉代书法家。

②邯郸淳：三国魏书法家。

③缣缃：jiān xiāng，供书写用的浅黄色席绢，此处指史书。

④代祀：父子相继为代。

⑤甚：盛大。

⑥糜蠹：糜烂虫蛀。

⑦觍缕：详述。

[**今译**]

世上流传的七行《笔阵图》，中间画有三种执笔的手势，图像拙劣、文字谬误。近来见在南北各地流传，推测为王羲之所作。虽然未能辨其真伪，但还可以启发初学儿童。既然为一般人收存，也就不必编录。至于以往诸家的论著，大多是华而不实，莫不从表面上描绘形态，并未阐述内在的真理。而今我的撰述，尽量避免这种现象。至于像师宜官虽有很高名望，但因形迹不存，只是虚载史册；邯郸淳也为一代典范，仅仅在书卷上空留其名。及至崔瑗、杜度以来，萧子云、羊欣之前的这段漫长年代，书法名家陆续增多。其中有的人，当时就负盛名；有的人死后书作流传下来，声望愈加荣耀；也有的人，生前凭借显赫地位被人捧高身价，死了之后，墨迹与名气也就衰落了。很多作品糜烂虫蛀，毁坏失传，剩下的亦被搜购秘藏将尽。偶有展出的机会，也只是一览而过，加之优劣混杂，难以让人有条不紊地鉴别。而其中有的早就扬名当时，遗迹至今存在，无须高人褒贬评论，自然会显出优劣。

[**解说**]

该段主要说明选编原则：一是不收《笔阵图》；二是不收"势""评"类文章；三是没有作品流传的书家不收录；四是遗失的名家之作，因为意见不一，难以做出一致评判，不收录；五是当代的著名书家，流传广泛，高下自见，无须品评，也不收录。

[**原文**]

且六文①之作，肇自轩辕；八体②之兴，始于嬴政。其来尚矣，厥用斯弘。但今古不同，妍质悬隔，既非所习，又亦略诸。复有龙蛇云露之流，龟鹤花英之类，乍图真于率尔，或写瑞于当年，巧涉丹青，工亏翰墨，异夫楷式，非所详焉。代传羲之与子敬笔势论③十章，文鄙理疏，意乖言拙，详其旨趣，殊非右军。

且右军位重才高，调清词雅，声尘未泯，翰牍仍存。观夫致一书，陈一事，造次之际，稽古斯在；岂有贻谋令嗣，道叶④义方，章则⑤顿亏，一至于此！又云与张伯英同学，斯乃更彰虚诞。若指汉末伯英，时代全不相接；必有晋人同号，史传何其寂寥！非训非经，宜从弃择。

[注释]

①六文：六种古字体。

②八体：秦代书法中的八种字体。

③势论：托名王羲之所撰的古代书论文献。

④叶：xié，协，和洽。

⑤章则：章程规则。

[今译]

关于"六书"的始作，可以上溯到轩辕时代；"八体"的兴起，源于秦代嬴政。其由来已久，历史上运用广泛，影响极大。但因古今时代不同，质朴的古文和妍美的今体相差悬殊，且已不再沿用，也就略去不说。此外，还有依据龙、蛇、云、露和龟、鹤、花、草等类物状创出来的字体，主要是简单描摹物象形态，或写当时的"祥瑞"，虽然笔画巧妙，但缺作书技能，又非书法规范，也就不详细论述了。社会流传的王羲之与子敬《笔势论十章》，文辞鄙陋，论理粗疏；立意乖戾，语言拙劣，详察它的旨趣，绝非王羲之的作品。且王羲之德高望重，才气横溢，文章格调清新，辞藻优雅，声誉尚未消失，翰牍仍存于世。看他写一封信，谈一件事，即使仓促之时，也仍注重古训。岂会在传授家教于子孙时，在指导书法规范的文章中，竟顿失章法，至此地步！又有一说，认为他与张芝是同学，这就更加荒诞无稽了。若指的是东汉末期的张芝，时代完全不符；那必定另有同名的东晋人，可史传上为何毫无记载。此书既非书法规范，又非经典著作，应当予以摈弃。

［解说］

本段接着说明《书谱》收集的书法作品的范围。上段主要说明因书法作品本身的原因不收录的情况，本段则主要说明剔除了一些混入书法的东西。六文、八体不收录，龙书、蛇书等各种花体字不收录，作者还对传为王羲之写给王献之的《笔势论十章》进行了辨析和抨击，其文风措辞低俗，格调不高，因此，孙过庭说它为后人伪托书圣之作。

［原文］

夫心之所达，不易尽于名言；言之所通，尚难形于纸墨。粗可仿佛其状，纲纪其辞。冀酌希夷①，取会佳境。阙而未逮，请俟将来。

［注释］

①希夷：指虚寂玄妙。

［今译］

心里所理解的，难于用语言表达出来；能够用语言叙说的，又不易用笔墨写到纸上。只能粗略地书其形状，陈述大致纪要。希能斟酌其中的微妙，求得领悟佳美的境界。至于未能详尽之处，只好有待将来补充了。

［解说］

该段阐述《书谱》想要达到的目标，说明书法艺术的境界有两个层次：一是仿佛其状，纲纪其辞；二是冀酌希夷，取会佳境。

［原文］

今撰执使转用之由，以祛未悟。执谓深浅长短之类是也；使谓纵横牵掣之类是也；转谓钩环盘纡（yū）①之类是也；用谓点画向背之类是也。方复会其数法，归于一途；编列众工，错综群妙，举前人之未及，启后学于成规；穷其根源，析其枝派。贵使文约理赡，迹显心通；披卷可明，下笔无滞。诡辞异说，非所详焉。

[注释]

①纡：回绕曲折。

[今译]

现在叙说执、使、转、用的道理与作用，可让不了解书法的人能够有所领悟：执，是说指腕执笔有深浅长短一类的不同；使，是讲使锋运笔有纵横展缩一类的区别；转，是指把握使转有曲折回环一类的笔势；用，就是点画有揖让向背一类的规则。将以上各法融会贯通，复合一途；编排罗列众家特长；交错综合诸派精妙，指出前列名家不足之处，启发后学掌握正确法规；深刻探索根源，分析所属流派。尽求做到文辞简练，论理恰当，条例分明，浅显易懂；阅后即可明确把握，下笔顺畅无所滞塞。至于那些奇谈怪论，诡词异说，就不是本篇所要谈论的内容了。

[解说]

本段主要讲了四个方面的问题：一是书法的技术问题，主要讲了执、使、转、用四种技术；二是汇集书法中的各种创作方法以及优秀作家作品；三是厘清书法不同流派，并分析其形成及其渊源联系；四是本书的编写目的是"文约理赡，迹显心通"，故摈弃奇谈怪论。

[原文]

然今之所陈，务裨①学者。但右军之书，代多称习，良可据为宗匠，取立指归②。岂惟会古通今，亦乃情深调合。致使摹拓日广，研习岁滋，先后著名，多从散落；历代孤绍③，非其效欤？试言其由，略陈数意：止如《乐毅论》《黄庭经》《东方朔画赞》《太史箴》《兰亭集序》《告誓文》，斯并代俗所传，真行绝致④者也。写《乐毅》则情多怫⑤郁；书《画赞》则意涉瑰奇；《黄庭经》则怡怿虚无；《太史箴》又纵横争折；暨乎《兰亭》兴集，思逸神超，私门诚誓，情拘志惨。所谓涉乐方笑，言哀已叹。岂惟驻想流波，将贻啴嗳⑥之奏；驰神睢涣，方思藻绘之文⑦。虽其目击道存，尚或心迷议舛。莫不强名为体，共习分区。岂知情动形言，取会风骚之意；阳舒阴惨，本乎天地之心。既失其情，理乖其实，原夫所致，安有体哉！

[注释]

①裨：bì，补益。

②指归：主旨，意向。

③孤绍：单独传承。

④绝致：最精致。

⑤怫：fú，指心中不平。

⑥啴嗳：宽缓。

⑦驰神睢涣，方思藻绘之文：睢涣，二水名，游二水，可学藻缋之彩。缋，huì，画了珍贵事物形象的布帛。

[今译]

现在要陈述的，力求对后学者有所裨益。在以往的书法家中，王羲之的书迹为历代人所赞誉学习，可将其作为效法的宗师，从中获得造就书法的方向。王羲之书法不仅通古会今，而且情趣深切，笔意和谐。以致摹拓的人一天比一天多，研习的人一年比一年多；王羲之前后的名家手迹，大都散落遗失，只有他的作品得以代代流传，这难道不是明证吗？我试着谈谈其中缘由，简要叙说几点。《乐毅论》《黄庭经》《东方朔画赞》《太史箴》《兰亭集序》《告誓文》等帖，均为世俗所传，是楷书和行书的最佳范本。王羲之写《乐毅论》时心情并不舒畅，多有忧郁；写《东方朔画赞》时意境瑰丽，想象离奇；写《黄庭经》时精神愉悦，若入虚境；写《太史箴》时感念激荡，世情曲折；写《兰亭集序》时，则是胸怀奔放，情趣飘然；立誓不再出山做官，可又内心深沉，意志戚惨。正是所谓庆幸欢乐时笑声溢于言表，倾诉哀伤时叹息发自胸臆。岂非志在流波之时，始能奏起和缓的乐章；神情驰骋之际，才会思索华翰的辞藻。虽然眼见即可悟出道理，内心迷乱难免议论有误。因此无不勉强分体定名，区分优劣供人临习。岂知情感受到触动，必然通过语言表露，抒发出与《诗经》《楚辞》同样的旨趣；人在阳光明媚时会觉得心怀舒畅，阴云惨暗时就感到情绪郁闷。这些都是缘于大自然的时序变化。那种违心做法，既背离书家的意愿，也与实情不相符合。从书法自身来说，哪有什么固定的体裁呢！

[解说]

该段主要阐述对王羲之书法的认识。孙过庭对王羲之的书法地位、艺术境界给予了极高的评价后，对王羲之的几种名帖一一点评。王羲之提出书法创作是情感的外化，它体现着作者内在情感的波动。孙过庭最后对一些人机械理解王羲之的书法，只重形式而遗其性灵的做法提出了批评。

[原文]

夫运用之方，虽由己出，规模所设，信属目前，差之一豪，失之千里，苟知其术，适可兼通。心不厌精，手不忘熟。若运用尽于精熟，规矩闇（同"谙"，熟悉）于胸襟，自然容与徘徊，意先笔后，潇洒流落，翰逸神飞，亦犹弘羊之心，预乎无际；庖丁之目，不见全牛。尝有好事，就吾求习，吾乃粗举纲要，随而授之，无不心悟手从，言忘意得，纵未穷于众术，断可极于所诣矣。

[今译]

运笔的方法，虽然在于自己掌握，但是整个规模布局，确属眼前的安排要务。关键一笔仅差一毫，艺术效果就可能会相去千里。只有懂得其中诀窍，才能够诸法相通。用心不厌其精，动手不忘其熟。倘若运笔达到精熟程度，规矩便能藏于胸中，自然可以纵横自如，意先笔后，潇洒流落。像桑弘羊理财（精明干练，计划周到），心思筹措在于各方；又似庖丁宰牛（熟知骨骼，用刀利索），眼里也就没有牛了。曾有爱好书法者，向我求学，我便简明举出行笔结体的要领，教授他们实用技法，他们因此无不心领神会，得其要旨。即使还不能完全领略各家所长，但也可以达到所探索的最深造诣了。

[解说]

该段是《书谱》中非常重要的段落。孙过庭论述了书法理论中的多个重要问题，如艺术创作中的直觉问题，如何掌握基本规律以及在此基础上如何达到情感与个性的完美统一等。作者宣称凡是接受他的观点的人都能达到"心悟手从，言忘意得，纵未穷于众术，断可极于所诣"的境界。作者认为水平的高低往往决定于细节，要掌握规律，必须"心不厌精，手不忘熟"，"潇洒流落"的形式美应与"翰逸神飞"的内在精神相契合。

[原文]

若思通楷则，少不如老；学成规矩，老不如少。思则老而愈妙，学乃少而可勉。勉之不已，抑有三时；时然一变，极其分^①矣。至如初学分布，但求平正；既知平正，务追险绝，既能险绝，复归平正。初谓未及，中则过之，后乃通会，通会之际，人书俱老。仲尼云："五十知命""七十从心。"故以达夷险之情，体权变之道，亦犹谋而后动，动不失宜；时然后言，言必中理矣。

[注释]

①分：fèn，素质才秉的可能性。

[今译]

说到深入思考，领悟基本法则，青少年不如老年人；要是从头开始，学好一般规矩，老年人不如青少年。研究探索，年纪越大越能得其精妙；而临习苦学，年纪愈轻愈有条件进取。勉励进取不止，须经三个时期；其中每个时期都会产生重要的变化，最后才能使书艺达到极高境地。例如初学分行布局时，主要求得字体平稳方正；既然掌握了平正的法则，重点就要力追形势的险绝；如果熟练了险绝的笔法，又须重新讲求平侧欹正的规律。初期可说还未达到平正，中期则会险绝过头，后期才能真正实现平正，书法艺术臻于老成阶段，此时人也进入老年时期。孔子说："人到五十岁才能懂得天命，到了七十岁始可随心所欲。"因此只有到了老年方能掌握平正与险绝的情势，体会出变化的道理。所以，凡事考虑周全后再行动，才不会失当；掌握好时机再说话，才能切中实理。

[解说]

如果说上段是对书法学习规律的总结，本段则是对书法教学情况的总结。孙过庭认为：不同年龄的学生有不同的特点，就掌握规律而言，年轻学生不如年长的学生；学好规矩，老年人不如年轻人。学习有三个阶段：第一个阶段是"初学分布，但求平正"，第二个阶段是"既知平正，务追险绝"，第三个阶段是"既能险绝，复归平正"。在达到"通会"之后，书法的水平就会随着年龄的增长而稳步提升。

[原文]

是以右军之书，末年多妙，当缘思虑通审，志气和平，不激不厉，而风规自远。子敬已下，莫不鼓努为力，标置成体，岂独工用不侔①，亦乃神情悬隔者也。或有鄙其所作，或乃矜其所运。自矜者将穷性域，绝于诱进之途；自鄙者尚屈情涯，必有可通之理。嗟乎，盖有学而不能，未有不学而能者也。考之即事，断可明焉。

[注释]

①侔：móu，等同，齐等。

[今译]

王羲之的精妙书法大多出自晚年，他这时思虑通达审慎，志气和雅平静，不偏激不凌厉，因而风范深远。自王献之以后，书法家莫不功力不足而鼓劲作势，为标新立异，另摆布成体，非但工用比不上前人，就是神采情趣也相差悬殊。有人轻视自己的墨品，有人夸耀自己的书作。喜欢自夸的人将因缺乏勤奋精神而断绝进取之路；认为自己功力不足的人总想勉励向前，因此定可达到成功的目标。确实这样啊，只有学而未果，哪有不学就能成功的。结合现实情况，即可明白这个道理。

[解说]

本段前部分以王羲之的书法印证"通会之际，人书俱老"的规律，批评了王献之之后的书法家的标新立异。然后分析艺术家的自我认知对书法艺术进步产生的影响，认为"矜其所运"将故步自封；认为"鄙其所作"必有可通，也就是后人常说的谦虚使人进步。最后得出"未有不学而能者也"，即只有学习才会进步的结论。

[原文]

然消息多方，性情不一，乍刚柔以合体，忽劳逸而分驱。或恬憺①雍容，内涵筋骨；或折挫槎枿②，外曜锋芒。察之者尚精，拟之者贵似。况拟不能似，察不能精，分布犹疏，形骸未检；跃泉之态，未睹其妍，窥井之谈，已闻其丑。纵欲唐突羲献，诬罔钟张，安能掩当年之目，杜将来之口！慕习之辈，尤宜慎诸。

[注释]

①恬憺：tián dàn，同恬淡。

②槎枿：chá niè，断残枝杈。

[今译]

然而书体的变化受到多方面因素的影响，表现的性格情感也不一致，刚劲与柔和被乍揉为一体，又会因迟缓与疾速的迁移而分展；有的恬淡雍容，内涵筋骨；有的曲折交错，外露锋芒。观察时务求精细，摹拟时贵在相似。若摹拟不能相似，观察不能精细，分布仍然松散，间架难合规范；那就不可能表现出鱼跃泉渊般的飘逸风姿，而是会听到坐井观天那种浮浅俗陋的评论。纵然是贬低羲之、献之和诬蔑钟繇、张芝，也不能掩盖时人人们的眼睛，堵住后来学者的口舌；赏习书法的人，尤其应该慎重鉴别。

［解说］

本段主要阐述影响学习书法的一些因素，以及学习书法的关键。书法是一种艺术形式，有很多不可捉摸的因素影响着对其的学习和创作。面对丰富的变化，作者认为学习书法的关键就是"察之者尚精，拟之者贵似"，即观察要细，模拟要像。作者批评了那些违背这个原则而夸夸其谈的人；告诫学习书法者要小心谨慎，不要狂妄自大。

［原文］

至有未悟淹留，偏追劲疾；不能迅速，翻效迟重。夫劲速者，超逸之机，迟留者，赏会之致。将反其速，行臻会美之方；专溺于迟，终爽绝伦之妙。能速不速，所谓淹留；因迟就迟，讵名赏会！非其心闲手敏，难以兼通者焉。

［今译］

有些人不懂得行笔的淹留，便片面追求劲疾；或者挥运不能迅速，又故意效法迟重的写法。要知道，劲速的笔势，是表现超迈飘逸的关键；迟留的笔势，则具有赏心会意的情致。能速而迟，行将达到荟萃众美的境界；专溺于留，终会失去流动畅快之妙。能速不速，叫作淹留，行笔迟钝再一味追求缓慢，岂能称得上赏心会意呢！如果行笔没有心境安闲与手法娴熟，是很难做到迟速兼施、两相适宜的。

［解说］

本段论述运笔速度对书法的影响。作者把运笔速度，快运笔与慢运笔的不同功效以及两种不同运笔的对立统一、相互融合产生的效果讲得非常凝练、概括、深刻。孙过庭认为：慢运笔与快运笔具有不同的功效，两种不同的运笔互相融合会产生奇异的效果。"将反其速，行臻会美之方"，这是运笔方面的名言。"欲速不速"方能创造出更多的笔墨韵味。反之，"专溺于迟""因迟就迟"则不会达到飘逸、赏心悦目的效果。

[原文]

假令众妙攸归，务存骨气；骨既存矣，而遒润加之。亦犹枝干扶疏，凌霜雪而弥劲；花叶鲜茂，与云日而相晖。如其骨力偏多，遒丽盖少，则若枯槎架险，巨石当路，虽妍媚云阙，而体质存焉。若遒丽居优，骨气将劣，譬夫芳林落蕊，空照灼而无依；兰沼漂萍，徒青翠而奚托。是知偏工易就，尽善难求。

[今译]

假若要具备众妙之笔，一定要致力于追求骨气，骨气树立，还须融合遒劲圆润的素质。这就好比枝干繁衍的树木，经过霜雪浸凌就会显得愈加坚挺；鲜艳芳茂的花叶，与白雪红日相映，自然更加娇辉。如果字的骨力偏多，遒丽气质较少，就像枯木架设在险要处，巨石横挡在路当中；虽然缺乏妍媚，体质却还存在。如果婉丽占据优势，那么骨气就会薄弱，类同百花丛中的落英，空显芬美而毫无依托；又如湛蓝池塘飘荡的浮萍，徒有青翠而没有根基。由此可知，偏工其一较易做到，而完美尽善就难求得了。

[解说]

本段论述骨力与笔墨形式的关系，二者需和谐配合才能达到最精彩的表现。作者认为：要在书法中体现各式各样的美，首先"务存骨气"，在此基础上，再加上"遒润"方能达到众妙攸归的效果。在"骨气"与"遒润"之间，作者偏重于"骨气"，认为偏重骨气，则"体质存焉"；而偏重"遒润"，则空有其表。只有二者配合，方能尽善尽美。这实际上就是在中国审美领域一直存在的"文"与"质"的关系问题，质即内在本质，文即外在形式。孙过庭关于"骨气"与"遒润"的观点与孔子"文质彬彬，然后君子"的观点不谋而合。

［原文］

虽学宗一家，而变成多体，莫不随其性欲，便以为姿：质直者则径侹①不遒；刚很②者又倔强无润；矜敛者弊于拘束；脱易者失于规矩；温柔者伤于软缓，躁勇者过于剽迫；狐疑者溺于滞涩；迟重者终于蹇钝；轻琐者染于俗吏。斯皆独行之士，偏玩所乖。

［注释］

①侹：tǐng，平直。

②很：hěn，狠。

［今译］

虽是学同一家的书法，却会演变成多种的体貌，书体莫不随着书写者的个性与爱好，显示出各种不同的风格：性情耿直的人，书势劲挺平直而缺遒丽；性格刚强的人，笔锋倔强峻拔而乏圆润；矜持自敛的人，用笔过于拘束；浮滑放荡的人，常常背离规矩；个性温柔的人，毛病在于绵软；脾气急躁的人，下笔则粗率急迫；生性多疑的人，则沉涵于凝滞生涩；迟缓拙重的人，最终困惑于迟钝；轻烦琐碎的人，多受文牍俗吏的影响。这些都是偏持独特的人，因固求一端，而背离规范。

［解说］

本段论述书写者的性格对书法产生的影响。孙过庭认为，一个人的性格禀赋会对书法的学习与创作产生重要影响。"随其性欲，便以为姿。"在作品中，每个人都应以适合自己的方式加以表现。"性"即天生禀赋，"欲"即后天的自我培养形成的思维倾向。作者进一步列举了一系列个人性格的不同造成的书法样式的差异以及审美趣味的不同的多个例子。

[原文]

《易》曰："观乎天文，以察时变；观乎人文，以化成天下。"况书之为妙，近取诸身。假令运用未周，尚亏工于秘奥；而波澜之际，已浚发于灵台。必能傍通点画之情，博究始终之理，镕铸虫篆，陶均草隶。体五材之并用，仪形不极；象八音之迭起，感会无方。

[今译]

《易经》上说："观看天文，可以察知自然时序的变化；了解人类社会的文化现象，可以用来教化治理天下。"何况书法的妙处，往往取法于人本身容貌的特征。假使笔法运用不够周密，其中奥秘之处就不能掌握，就须经过反复实践，发掘积累经验，启动心灵和意念，以指使手中之笔。须懂得使点画能体现情趣的方法，全面研究起笔收锋的原理，融合虫书、篆书的奇妙，凝聚草书、隶书的韵致。体会到用五材来制作器物，塑造的形体就当然各有不同；像用八音作曲，演奏起来感受也就兴会无穷。

[解说]

本段论述是指如果能够在高层次上娴熟地掌握技术技巧，调动内心的各种情感，调动书法的各种形式，那么书写者便可以超越自己的个性。作者认为，在书写时"达其情性"是一个境界；超越自己的性情，表现更高的情感，体会"仪形无极""感会无方"的妙境，是一个更高的境界。书写者在追求书法的最高境界时，其性情会受到书法审美理想的调整，书法研习与创作也将会使书写者超越自身性格的局限。

[原文]

至若数画并施，其形各异；众点齐列，为体互乖。一点成一字之规，一字乃终篇之准。违而不犯，和而不同；留不常迟，遣不恒疾；带燥方润，将浓遂枯；泯规矩于方圆，遁钩绳之曲直；乍显乍晦，若行若藏；穷变态于毫端，合情调于纸上；无间心手，忘怀楷则；自可背羲献而无失，违钟张而尚工。譬夫绛树青琴①，殊姿共艳；隋殊和璧，异质同妍。何必刻鹤图龙，竟惭真体；得鱼获兔，犹吝筌蹄②。

［注释］

①绛树青琴：泛指娇美的歌姬美女。

②筌蹄：筌，捕鱼的工具；蹄，捕兔的工具。这里比喻达到目的的手段或工具。

［今译］

若把数种笔画摆在一起，它们的形状多不相同；好几个点排列一块，体态也应各有区别。起首的第一点为全字的范例，开篇的第一个字是全幅准则。笔画各有伸展又不相互侵犯，结体彼此和谐又不完全一致；留笔不感到迟缓，迅笔不流于滑速；燥笔中间有湿润，浓墨中使出枯涩；不依尺规衡量能令方圆适度，弃用钩绳准则而致曲直合宜；使锋忽露而忽藏，运毫若行若止，极尽字体的形态变化于笔端，融合作者的感受情调于纸上；心手相应，毫无拘束。自然可以背离王羲之、王献之的法则而不失误，违反钟繇、张芝的规范仍得工妙。就像绛树和青琴这两位女子，容貌尽管不同，却都非常美丽；随侯之珠与和氏璧这两件宝物，形质虽异，却都极为珍贵。何必一定要去刻意画鹤描龙，使天然真体大为逊色；捞到了鱼、猎得了兔，又何必定要去吝惜捕获的器具呢！

［解说］

本段为全书最精彩的章节，着重讲怎样写才能达到书法的最高境界，对学书者具有重要的启迪。孙过庭认为书法最高境界的美妙体现在以下几方面：一是笔画造型要避免雷同，"数画并施，其形各异；众点齐列，为体互乖"；二是作品整体要协调，"一点成一字之规，一字乃终篇之准"；三是既要统一又要有多样性，做到"违而不犯，和而不同"。而当一个书法家在境界上达到了相当的高度，就应抛开形似的追求，进而大胆确立自己的风格。

[原文]

闻夫家有南威之容，乃可论于淑媛；有龙泉之利，然后议于断割。语过其分，实累枢机。吾尝尽思作书，谓为甚合，时称识者，辄以引示：其中巧丽，曾不留目；或有误失，翻被嗟赏。既昧所见，尤喻所闻；或以年职自高，轻致陵诮。余乃假之以湘缥，题之以古目：则贤者改观，愚夫继声，竞赏豪末之奇，罕议锋端之失；犹惠侯之好伪，似叶公之惧真。是知伯子之息①流波，盖有由矣。夫蔡邕不谬赏，孙阳不妄顾者，以其玄鉴精通，故不滞于耳目也。向使奇音在爨，庸听惊其妙响；逸足伏枥，凡识知其绝群，则伯喈不足称，伯乐未可尚也。

[注释]

①息：叹息。

[今译]

曾经听到过这种说法，家里有了像南威一样美貌的女子，才可以议论女人姿色；得到了龙泉宝剑，才能够试评其他宝剑的锋利。这话未免太过，实际上束缚了人们阐发议论的思路。我曾用全部心思来作书，自以为写得很不错，遇到世称有见识的人，就拿出来向他们请教。可是他们对写得精巧秀丽的，并不怎么留意；而对写得比较差的，反赞叹不已。他们面对所见的作品，并不能分辨出其中的优劣，仅因听说过谁为名人，即装出能看出好坏的样子评说一通。有的竟仗着年龄大地位高，随便非议讥讽。于是我便故弄虚假，把作品用绫绢装裱好，题上古人名目。结果号称有见识者，看到后便改变了看法，那些不懂书法的人也随声附和，竞相赞赏笔调奇妙，很少谈到书写的失误。这与惠侯喜好伪品，叶公惧怕真龙又有什么区别。于是可知，伯牙因世无知音，对着流水叹息，断弦不再弹奏，的确是有道理的。蔡邕对于琴材鉴赏无误，伯乐相马不出差错，其原因就在于他们具有真材实学和辨别能力，并不限于寻常的耳闻目睹。假使好的琴材被焚烧，平庸的人也能为其发出的妙音而惊叹；千里马伏卧厩中，无识的人也可看出它与众马不同，那么蔡邕就不值得称赞，伯乐也无须推崇了。

［解说］

本段以自己亲身的经历，揭示假行家的典型表现：一是不识优劣，二是用道听途说的东西胡乱教训人，三是仗着职位高或年龄大看不起晚辈。书法鉴赏是高尚的学问，需要鉴赏者高深的书法创造和理论造诣，需要其具有透过现象看到内在本质的观察力和感悟力。

［原文］

至若老姥遇题扇，初怨而后请；门生获书机，父削而子懊；知与不知也。夫士屈于不知己，而申于知己；彼不知也，曷足怪乎！故庄子曰："朝菌不知晦朔，蟪蛄不知春秋。"老子云："下士闻道，大笑之；不笑之则不足以为道也。"岂可执冰而咎夏虫哉！

［今译］

至于王羲之为卖扇老妇题字，老妇起初是埋怨，后来又求字；一个门生获得王羲之的书几题字，竟被其父亲刮掉，儿子为此懊恼不已。这说明懂书法与不懂书法，大不一样啊！再如一个文人，会在不了解自己的人那里受到委屈，又会在了解自己的人那里感到宽慰；有的人根本不懂事理，这又有什么奇怪的呢？所以庄子说："清晨出生而日升则死的菌类，不知道一天有多长；夏生秋死的蟪蛄（俗称黑蝉），不知一年有四季。"老子说："无知识的人听说讲道，便会失声大笑，倘若不笑那就算不上高深的道理了。"又怎么可以拿着冬天的冰雪，去指责夏季的虫子不知道寒冷呢！

[解说]

本段说明能够欣赏高水平的艺术的人是比较少的，因此高水平的人不被欣赏是很正常的。高水平的鉴赏者之于高水平的作者就如蔡邕之于异木、伯乐之于千里马，只有精于鉴别的鉴赏高手才能发现被压抑、被埋没的高水平作者，使他们人尽其才，发挥最大的才能，展现出最大的价值，获得其应有的赞美与荣耀。因此，孙过庭认为高水平的人被低水平的人嘲笑也是正常的，也许得不到理解甚至被嘲笑才正是高水平的标志。这是作者寓于字里行间的对那些特立独行、真正的有着至高追求的艺术家的真诚鼓励。

[原文]

自汉魏已来，论书者多矣，妍蚩杂糅，条目纠纷：或重述旧章，了不殊于既往；或苟兴新说，竟无益于将来；徒使繁者弥繁，阙者仍阙。今撰为六篇，分成两卷，第其工用，名曰书谱，庶使一家后进，奉以规模；四海知音，或存观省；缄秘之旨，余无取焉。

垂拱三年写记。

[今译]

自汉、魏时代以来，论述书法的人很多，这些评论好坏混杂，条目纷繁。或重复前人观点，与过去的评论并无不同；或轻率另创异说，也无裨益于将来；使繁琐的更加繁琐，而缺漏的依然空白。现今我撰写了六篇，分作两卷，依次列举工用，定名为《书谱》。期待其能传诸后进，作为书法艺术的规范；还望四海知音，或可聊作参阅。因为将自己终生的体验缄藏密封起来，我是不赞成的。

垂拱三年（687）写记。

[解说]

本段为全文结语。作者认为，以前的书论，或重述前人，了无新意，或标新立异，无所裨益，为揭示书法真谛、促进书法发展而撰写了该书。同时说明书名《书谱》的由来，根据工用排列顺序，表明本书是一部工具书。最后再次宣示自己不取"缄秘之旨"的主张，希望本书能给喜欢书法的后辈以指导。

主要参考书目

［1］吴东平. 汉字的故事［M］. 北京：新世界出版社，2006.

［2］谢飞东，聂晖. 读字［M］. 北京：作家出版社，2012.

［3］思履. 说文解字详解［M］. 北京：中国华侨出版社，2014.

［4］李恩江，贾玉民. 文白对照说文解字译述［M］. 郑州：中原农民出版社，2000.

［5］冯志纯. 现代汉语［M］. 重庆：西南师范大学出版社，1989.

［6］叶蜚声，徐通锵. 语言学纲要［M］. 北京：北京大学出版社，1981.

［7］吴文蜀. 读诗常识［M］. 上海：上海古籍出版社，1981.

［8］刘盛昌. 字谜大观［M］. 郑州：中原农民出版社，2010.

［9］费新我. 怎样学书法［M］. 北京：中华书局，2014.

［10］王立翔. 沈尹默讲授书法［M］. 上海：上海书画出版社，2013.

［11］程志强. 隶书论［M］. 成都：四川大学出版社，2001.

［12］杨寒梅. 图说汉字五千年［M］. 武汉：武汉出版社，2009.

［13］孙过庭，郑晓华. 书谱［M］. 北京：中华书局，2018.

［14］朱振家. 古代汉语［M］. 北京：高等教育出版社，1996.

［15］邢福义. 现代汉语［M］. 北京：高等教育出版社，1998.

［16］张琪. 红楼揽胜［M］. 成都：四川大学出版社，2015.

［17］于右任. 标准草书［M］. 上海：上海人民美术出版社，2017.

［18］胡起赳. 赳赳说千字文［M］. 广州：广东人民出版社，2018.

跋

本书是笔者十多年前在达州市高中语文骨干教师培训班所讲专题《新说文解字》的讲稿的基础上补充完善而成的。当时笔者有感于不少语文教师文字素养不够、不少学生作文错别字连篇的语文教学现象而做了这个专题讲座。该专题受到不少同行的好评。

后来，高中语文教材改革，每期课本分为必修和选修。在高一语文必修本上，有一个"梳理探究"专题为《优美的汉字》，意在激发高中起始年级学生汉字学习的兴趣。2011年9月，笔者在参加四川省高中语文骨干教师培训结束后，受四川省教育厅委派，送教到达州，在达州市第一中学为达州市高中语文骨干教师上了一堂示范课，课题就是"优美的汉字"。不少语文教师受到启发，对在语文教学中加强汉字教学的重要性有了更加深入的认识。

2016年7月，笔者到达川中学任职。为了适应新课改的需要，笔者在达川中学高2021届19班开设了选修课"汉字钩玄"，不少语文教师前来观摩学习，学校教务处、招信办等部门在学校微信公众号以及校园网站上予以宣传报道，在学校以及社会上引起了很大反响。不少教育同仁、社会人士、学生家长给予了高度评价。由于与新高考改革高度契合、与新一波国学热兴起相呼应、与举国上下呼唤传统文化回归的形势合拍，"汉字钩玄"课程的价值得以凸显。

为了让更多的语文爱好者认识汉字的玄妙，为了与更多的语文教育同行切磋交流汉字教学心得，为了让更多的学子窥见语文学习的堂奥，意欲将此文稿付梓。于是，笔者在《新说文解字》讲稿的基础上，结合近年来的教学实际进行拓展，不仅增加了有关汉字书写及书法鉴赏等方面的内容，还添加了有关汉字正音方面的内容；为了增添阅读的兴趣，以附录的形式收集了有关《说文解字·叙》《书谱》等经典文献以及介绍苏轼《寒食帖》的文字；为了让读者深入理解汉字"六书"的奥秘，笔者搜集了120个典型汉字并对其进行本义探析。最终形成了现在大家所见的十余万字的书稿，定名为《汉字钩玄》。

几十年的语文教学，让笔者深知汉字的博大精深；汉字难读、难记、难写，在很大程度上是对汉字的构成原理缺乏了解，汉字起源、流变等知识及原理普及滞后造成的。《汉字钩玄》的出版，也许会对改变这种情况有所助益。

郑板桥通过画竹感悟做官"一枝一叶总关情"，如套用该诗句，总结汉字学习心得，那就是"一笔一画总关情"。在上"优美的汉字"探究课时，笔者以下面的一段话作结，现录于此，以明著述缘由。

汉字是一首诗，一首韵味深长的古诗；汉字是一幅画，一幅历久弥新的古画。汉字，引导我们回溯历史；汉字，伴随我们走向未来。汉字，是我们的根，汉字是民族的魂。说文解字，培根铸魂。守护汉字，守护珍宝。中华民族伟大复兴，文化复兴必须先行；我们义不容辞，我们勠力同心。

因编著本书，常常旁及书法，闲暇之时，不时信笔涂鸦。因天性洒脱，不喜颜柳正楷，尤爱书圣行草，故以临《兰亭集序》为常。为表对汉字的热爱，不揣冒昧，挽袖上阵，自题书名。明知方家哂笑，在所不惜。

写毕数幅，左右端详，自感功力尚浅，心里不免惴惴。临付梓时，忽闻《人民日报》社人民网天津频道运营中心主任王君文明，在天津举办"2019王文明诗文楹联翰墨展"，各路书法名家，亲临捧场，名噪一时。王君达州人氏，与吾素有文字之缘。吾遥托题名，王君欣然应允；王君墨宝，为拙著增色，亦从书理示人汉字奥秘。悟及王君竟助余"汉字钩玄"，不禁喜出望外，内心不胜感激！

2019 年 10 月 29 日夜改定于达城江湾城洲月之居